Hahn, Synagogen in Baden-Württemberg

KTV

Joachim Hahn

Synagogen in Baden-Württemberg

Mit einem Geleitwort von Dietmar Schlee

Konrad Theiss Verlag Stuttgart

Herausgegeben vom Innenministerium des Landes
Baden-Württemberg

CIP-Kurztitelaufnahme der Deutschen Bibliothek

Hahn, Joachim:
Synagogen in Baden-Württemberg / Joachim
Hahn. Mit e. Geleitw. von Dietmar Schlee. [Hrsg.
vom Innenministerium d. Landes Baden-
Württemberg]. – Stuttgart : Theiss, 1987
ISBN 3-8062–0527-2

Umschlaggestaltung: Jürgen Reichert, Stuttgart
unter Verwendung von Aufnahmen von Roland
Rasemann, Leutkirch.
Die Bilder zeigen die ehemalige Synagoge in
Hechingen, die Inschrift über der ehemaligen
Synagoge in Horb-Rexingen und den
Hochzeitsstein an der ehemaligen alten Synagoge
in Eppingen.

Gesamtherstellung: Gulde-Druck GmbH,
Tübingen
Printed in Germany
ISBN 3-8062-0527-2

Geleitwort

Von Dietmar Schlee, Innenminister des Landes Baden-Württemberg

»Das Geheimnis der Versöhnung heißt Erinnerung.« Diese alte jüdische Weisheit macht ein Gedenkstein deutlich, der auf die frühere Synagoge in Bad Mergentheim und auf deren Schicksal hinweist. Auf der Gedenktafel für die 1830 erbaute und in der Nacht vom 9. auf den 10. November 1938 zerstörte Synagoge von Gailingen im Landkreis Konstanz steht der aus der Genesis stammende Satz: »Wahrlich, der Ewige ist an dieser Stätte, und ich wußte es nicht!« An vielen Orten in unserem Land, wo keine Reste der früheren Synagogen erhalten geblieben sind, wurden Gedenktafeln angebracht. Sie sollen erinnern an die Synagogen, die Häuser des Gebets und der Belehrung, Häuser für die Versammlung um die Heilige Schrift sind.
Gailingen war ein Ort wie viele andere in unserem Land. Juden und Christen lebten in gegenseitiger Achtung miteinander und wohnten über lange Zeit friedlich nebeneinander. Um so unbegreiflicher erscheint uns das, was in der Zeit des Nationalsozialismus jüdischen Bürgern unseres Landes angetan worden ist. Eine Herrschaft von Unrecht und Gewalt hat die jüdischen Gemeinden zerschlagen, ihre Gotteshäuser zerstört und Millionen jüdische Bürger in den Tod getrieben.
Ein halbes Jahrhundert nach der sogenannten Reichskristallnacht muß heute noch jeder erschrekken über die Dunkelheit, die über das deutsche Volk hereinbrach. Das Erschrecken mahnt uns, das Wissen um diese Vorgänge wach zu halten und dem Vergessen vorzubeugen.
Kaum eine der Synagogen im Gebiet Baden-Württembergs hat jene Nacht der Schande und des Schreckens unversehrt überstanden. Keines dieser Gotteshäuser, in denen Mitbürger unseres Landes gebetet haben und wo »die Heimat ihrer Seele« war, konnte wieder für den jüdischen Gottesdienst genutzt werden. Die Bauwerke und die baulichen Reste der ehemaligen Synagogen – sie müssen als Zeugen dieses Geschehens erhalten bleiben. Dieses Buch selbst soll ihnen ein Denkmal setzen.
Das Gedenken ist ein zentraler Punkt des jüdischen Glaubens. Elie Wiesel hat dies in seinem Beitrag zu dem Buch »Gott nach Auschwitz« deutlich gemacht: »Uns wurde gesagt: Erinnere Dich und halte das Gedenken lebendig. Wie gleichsam die übrigen Tage geschaffen sind um des einen Sabbat-Tages willen, so möchte ich sagen, sind uns alle anderen Worte gegeben um des einen Wortes willen: Gedenke!« Das jüdische Volk erinnert sich und wird sich immer erinnern. Als der israelische Präsident Chaim Herzog die Bundesrepublik besuchte, sagte er: »Kein Verzeihen habe ich mit mir gebracht – und kein Vergessen. Nur die Toten haben das Recht zu verzeihen, und den Lebenden ist nicht erlaubt zu vergessen.«
Auch wir können und dürfen uns dem Gebot des Gedenkens nicht entziehen. Im Aufgabenbereich des Denkmalschutzes und der Denkmalpflege tragen wir ihm dadurch Rechnung, daß wir den Denkmalwert der ehemaligen Synagogengebäude anerkennen, sie soweit wie möglich schützen, ihre Erhaltung durch die staatliche Denkmalförderung unterstützen und sie würdig nutzen.

Der geschichtliche Aussagewert der ehemaligen Synagogen beschränkt sich nicht auf die Zeit des Nationalsozialismus. Die Geschichte der Juden in Südwestdeutschland beginnt im Mittelalter. Sie ist gekennzeichnet durch fruchtbares Miteinander, aber auch durch grausame Verfolgung. Keine der mittelalterlichen Synagogen im Gebiet Baden-Württembergs ist erhalten geblieben. Die Veränderungen in den politischen und sozialen Lebensbedingungen der Juden in der Neuzeit spiegeln sich auch im Synagogenbau wider. Das 19. Jahrhundert, das den Juden in Deutschland in einem langen geschichtlichen Prozeß endlich die vollen Bürgerrechte brachte, war auch die große Zeit des Synagogenbaus. Der zerstörerische Angriff eines neuen Vandalismus in der Zeit der nationalsozialistischen Gewaltherrschaft steht am Ende einer langen Synagogen-Geschichte. Diese Geschichte zeigt: Die Wurzeln des Irrationalen reichen weit zurück. Jedoch nie zuvor war dieses Irrationale wie im sogenannten Dritten Reich zum Instrument einer staatlichen Vernichtungsmaschinerie mißbraucht worden.

Die Geschichte blieb nach 1945 nicht stehen. Im Westen Deutschlands wurde eine freiheitliche, rechtsstaatliche Demokratie aufgebaut. Eine neue Generation wuchs heran. Für unsere junge Demokratie ist es lebenswichtig, die Erinnerung wach zu halten. »Wer vor der Vergangenheit die Augen verschließt, wird blind für die Gegenwart. Wer sich der Unmenschlichkeit nicht erinnern will, der wird wieder anfällig für neue Ansteckungsgefahren.« So Bundespräsident Richard von Weizsäcker, der in seiner Rede zum 8. Mai 1945 eindringlich deutlich machte: »Würden wir unsererseits vergessen wollen, was geschehen ist, anstatt uns zu erinnern, dann wäre dies nicht nur unmenschlich. Sondern wir würden damit dem Glauben der überlebenden Juden zu nahe treten, und wir würden den Ansatz zur Versöhnung zerstören. Für uns kommt es auf ein Mahnmal des Denkens und Fühlens in unserem eigenen Inneren an.«

Diesen Gedanken aufnehmen, bedeutet: Jede ehemalige Synagoge in unserem Land ist nicht nur ein schützenswertes Kulturdenkmal, sondern auch ein Mahnmal, das jeden einzelnen von uns angeht, ja betroffen machen muß.

Die Landesregierung von Baden-Württemberg hat deutlich und frühzeitig ihre Verantwortung erkannt, durch Aufarbeitung der Vergangenheit im Rahmen der politischen Bildungsarbeit in breiten Bevölkerungskreisen und insbesondere in der nachwachsenden Generation, das Bewußtsein von den Geschehnissen, Wirkungen und Folgen der nationalsozialistischen Gewaltherrschaft zu verankern. Daß auch die Denkmalpflege hier gefordert ist, daß sie eine Verantwortung für die Bauwerke und baulichen Überreste der zerstörten und geschändeten Synagogen wahrzunehmen hat, wurde in seiner Bedeutung später erkannt. Vielleicht mußte sich erst ein klares Bild der Aufgabenstellung der Denkmalpflege in der Fachwelt und in der Öffentlichkeit durchsetzen.

Das 1972 in Kraft getretene baden-württembergische Gesetz zum Schutz der Kulturdenkmale brachte eine eindeutige Zielbestimmung der Denkmalpflege. Auftrag der Denkmalpflege ist nach diesem Gesetz die Erhaltung des Denkmals als Geschichtsdenkmal, als materieller Zeuge der Geschichte. Kulturdenkmale vermitteln uns historische Nachrichten und Erfahrungen. Sie sind in ihrer originalen Substanz selbst Geschichte. In diesem Sinne sind sie unersetzlich und damit auch schutzwürdig.

Mit dem starken Aufschwung des Gedankens des Denkmalschutzes und der Denkmalpflege in den siebziger Jahren begannen auch die ehemaligen Synagogen in das Bewußtsein der Öffentlichkeit zu treten. Im Mai 1979 beschloß die Landesregierung von Baden-Württemberg das Schwerpunktpro-

gramm Denkmalpflege. Über die normale Denkmalförderung hinaus sieht es eine erhöhte finanzielle Unterstützung für die Eigentümer bestimmter hochwertiger Kulturdenkmale vor, die substantiell gefährdet sind und ohne besondere staatliche Unterstützung dem Verfall preisgegeben wären. In dieses Programm wurden die ehemaligen Synagogen in Freudental, Michelbach an der Lücke, Hechingen, Sulzburg und Kippenheim aufgenommen. Ein weiteres Förderprogramm der Landesregierung, das sogenannte Denkmalnutzungsprogramm, mit dessen Hilfe gefährdete Kulturdenkmale einer langfristigen, denkmalgerechten öffentlichen Nutzung zugeführt werden sollen, sieht die Förderung zweier weiterer Synagogen, nämlich der von Obersulm-Affaltrach und der von Werbach-Wenkheim vor. Diese zielgerichteten Entscheidungen der staatlichen Denkmalpflege sind richtungsweisend und beispielgebend.
Mit diesem Buch legt das Innenministerium von Baden-Württemberg zusammen mit dem Konrad Theiss Verlag eine zusammenfassende Geschichte und eine umfassende Dokumentation aller im Gebiet des Landes Baden-Württemberg nachweisbaren ehemaligen Synagogen vor. Es ist in dieser Art einmalig. Ganz besonders danken möchte ich dem Autor, Herrn Pfarrer Dr. Hahn, der sich – aufbauend auf eingehende Voruntersuchungen – im Auftrag des Innenministeriums dieser Aufgabe in äußerst sachkundiger und engagierter Weise, gleichsam mit Herz und Verstand, unterzogen hat. Mein Dank gilt auch Herrn Dr. Krins vom Landesdenkmalamt, der in prägnanter Weise die fachlichen Aspekte der Denkmalpflege dargestellt hat.
Das Buch wendet sich zunächst an die Öffentlichkeit, um das Wissen über die jahrhundertelange gemeinsame deutsch-jüdische Geschichte und über ihre baulichen Zeugen vor dem Vergessen zu bewahren. Es zeigt aber auch, welche Anstrengungen für die Erhaltung, Restaurierung und würdige Nutzung ehemaliger Synagogen in Baden-Württemberg bereits unternommen worden sind. Vieles bleibt auf diesem Gebiet noch zu tun. Auch das wird mit dem vorgelegten Buch deutlich. Diese Impulswirkung des Buches ist besonders wichtig. Das Land ist auch zukünftig bereit, die Erhaltung und Restaurierung ehemaliger Synagogengebäude finanziell und ideell tatkräftig zu unterstützen.
Die vielerorts entstandenen gemeinnützigen Bürgeraktionen und lokalen Fördervereine leisten in großer Verantwortung Hervorragendes zur Pflege und Instandsetzung ehemaliger Synagogen. An vielen Orten, wo keine Überreste der früheren Synagogen erhalten geblieben sind, wurden und werden Gedenktafeln angebracht. Auch hierfür zeigt das Buch Beispiele. Die Gemeinden sind aufgerufen, dort, wo dies noch nicht geschehen ist, durch die Anbringung von Erinnerungstafeln oder Gedenksteinen auf frühere Synagogen und ihr Schicksal hinzuweisen. Denn: »Das Geheimnis der Versöhnung heißt Erinnerung.«

Inhalt

Vorworte

Mit Bewunderung habe ich die Arbeit von Herrn Dr. Joachim Hahn über die ehemaligen Synagogen in Baden-Württemberg gelesen. Diese Studie beweist, wie groß die jüdische Gemeinschaft vor der Nazityrannei gerade in diesem Bundesland war.
Syngagogen sind der Mittelpunkt jüdischen Lebens, was auch der Grund dafür ist, weshalb es früher in diesem Land so viele Synagogen gab.
Die Dokumentation von Herrn Dr. Hahn ermöglicht es den Schulen, über die jahrhundertealte Tradition jüdischen Lebens in Baden-Württemberg zu unterrichten.
Herr Dr. Hahn hat mit dieser Arbeit einen wertvollen Beitrag geleistet, der die Geschichte der Juden in der Vergangenheit festhält und gleichzeitig mit dem Wissen um diese Vergangenheit die Möglichkeit einer guten Zukunft bietet.

Werner Nachmann
Präsident des Oberrates der Israeliten Badens, Karlsruhe

Im Leben der Juden nimmt seit jeher die Synagoge, auch »kleiner Tempel« genannt, einen zentralen Platz ein, ersetzt sie doch sinnbildlich den aus den alten Schriften bekannten »Tempel«. Deshalb war es für Juden, wenn sie sich an einem Ort niederließen, besonders wichtig, eine Synagoge und einen eigenen Friedhof zu errichten. Dies konnte man auch als Zeichen dafür deuten: »Hier wollen wir leben und wirken.«
Die zahlreichen hier genannten Synagogen zeigen, wie viele Juden vor allem in den Dörfern Württembergs lebten und sich zu Hause fühlten.
Diese vielen kleinen jüdischen Gemeinden haben aufgehört zu existieren und werden niemals wieder zum Leben erweckt, auch die vielen jüdischen Gotteshäuser können nicht mehr in ihre ursprüngliche Bestimmung zurückgeführt werden, da ein Raum, aus dem die Thorarollen verschwunden sind, seine sakrale Bedeutung für immer verloren hat.
Schon in der Bibel, im Buch »Jesaja, Kap. 56, Vers 5« steht geschrieben:

> Ihnen gebe ich in meinem Haus,
> in meinen Mauern, ein Handzeichen
> »Jad Vaschem«, ein Namensmal,
> besser als Söhne und Töchter,
> jedem gebe ich ein Namensmal
> für Weltzeit, das nie ausgerottet wird.«

So wie in Israel das Haus »Jad Vaschem« zur stetigen Erinnerung an die untergegangenen Gemeinden errichtet wurde, so sollten die noch vorhandenen Gebäude in Württemberg der Bevölkerung – insbesondere der Jugend – zugänglich gemacht werden, damit sie die Geschichte ihrer näheren Heimat besser verstehen lernt.

Das vorliegende Werk soll den Menschen durch Wort und Bild als Wegweiser dienen und uns allen vor Augen führen, wie einst »blühende Koexistenz« praktiziert wurde.

Dem Autor und dem Land Baden-Württemberg sei Dank dafür, daß dieses Buch zu einer Zeit erscheinen kann, in der noch lebende Zeugen ihre Erinnerungen an die Jugend weitergeben können.

Henry Ehrenberg, Arno Fern, Mordechai Tenné
Der Vorstand der Israelitischen Religionsgemeinschaft Württemberg

Zur Geschichte der Juden in Südwestdeutschland

Mittelalter

Wann sich Juden erstmals im südwestdeutschen Raum niedergelassen haben, verbirgt sich im Dunkel der Geschichte. Vermutlich dürften bereits zu römischen Zeiten Juden an einzelnen Militär- und Handelsorten gewohnt oder sich wenigstens aufgehalten haben. In Germanien befand sich Anfang des 4. Jahrhunderts zumindest eine große jüdische Gemeinde in Köln (321 erwähnt), vermutlich aber auch in anderen Städten (Trier, Augsburg, Regensburg).

Das Schicksal dieser jüdischen Gemeinde(n) nach dem Ende der Römerherrschaft ist unbekannt, da erst im 10./11. Jahrhundert Juden wieder in Städten an Rhein und Mosel urkundlich genannt werden (Mainz, Worms, Köln, Trier und Speyer). Seither nahm die Zahl jüdischer Ansiedlungen stetig zu. Noch im 11. Jahrhundert waren jüdische Kaufleute unentbehrlich für die Gründung einer neuen Stadt. Bischof Rüdiger von Speyer erklärte im Jahr 1084: »Da ich aus dem Flecken Speyer eine Stadt machen wollte, habe ich Juden aufgenommen.«

Nachdem 1184 die Juden aus Frankreich vertrieben worden waren, zogen viele von ihnen über den Rhein und konnten sich in den zahlreichen in dieser Zeit neugegründeten Städten niederlassen. Die ersten urkundlichen Erwähnungen von Juden im Gebiet Baden-Württembergs liegen aus der ersten Hälfte des 13. Jahrhunderts vor: Wertheim (1212), Grünsfeld (1218), Überlingen (1226), Freiburg (1230), Lauda und Tauberbischofsheim (1235), Bopfingen, Esslingen, Schwäbisch Gmünd, Schwäbisch Hall, Konstanz und Ulm (1241/42) zählen zu den ältesten Gemeinden, wenngleich in diesen und anderen Städten schon längere Zeit Juden gelebt haben dürften (in Heilbronn wurde ein Stein mit einer hebräischen Inschrift in das 11. Jahrhundert datiert).

Nur kurz währte im südwestdeutschen Raum eine relativ ungestörte Zeit der Ansiedlung. Wenige Jahre, nachdem die ersten jüdischen Gemeinden urkundlich genannt werden, setzten die Judenpogrome ein, die im Gebiet der Rheinstädte schon zu Zeiten des ersten Kreuzzugs (1096) einen ersten grausamen Höhepunkt erreicht hatten. Wie Seuchen breiteten sich die Verfolgungen aus, die durch völlig unhaltbare Beschuldigungen der Juden als Hostienschänder, Ritualmörder und Brunnenvergifter ausgelöst wurden.

Schreckliches Unheil kam über die Juden im deutschen Südwesten durch drei Pogromwellen: 1298 wurden durch die Banden des Ritters Rindfleisch aus Röttingen/Unterfranken Dutzende jüdischer Gemeinden, insbesondere im Gebiet zwischen Neckar und Main, ausgelöscht. Jüdische »Memorbücher« nennen die Namen von 20000 Opfern. In den Jahren 1335/37 zogen erneut große Scharen von »Judenschlägern«, wie sie sich selbst nannten, gegen die jüdischen Gemeinden. An ihrer Spitze stand »König Armleder«, ein Ritter von (Külsheim-)Uissigheim. 1348/49, als die Pest über Europa hereinbrach, richtete sich die Bevölkerung mit dem Vorwurf der Brunnenvergiftung wieder ge-

1 Mittelalterliche Judengasse in Weinheim. Die jüdische Gemeinde wurde von den Verfolgungswellen 1298 und 1348/49 schwer getroffen.

gen die Juden. Fast alle Orte, in denen zu dieser Zeit jüdische Familien lebten, wurden Stätten grausamer Massenmorde. Die wenigen Juden, die diese Schreckensjahre überlebt hatten, flohen in den Osten, in polnische oder russische Gebiete, andere konnten sich einige Jahre später wieder in den Städten niederlassen. Ihre soziale Stellung war nochmals schlechter geworden. Zunehmend wurden Juden in all ihren Rechten beschränkt und aus dem Wirtschaftsleben verdrängt. Im 15. und bis zum Anfang des 16. Jahrhunderts wurden sie aus den meisten Städten (z. B. Freiburg 1401 und 1424, Heilbronn 1476 und 1490, Ulm 1499, Konstanz 1537) und den Gebieten vieler Herrschaften (z. B. aus Württemberg mit der Regimentsordnung von 1498) ausgewiesen.

Neuzeit (16.–18. Jahrhundert)

Nach der Ausweisung aus den Städten und anderen Herrschaftsgebieten, konnten sich die Juden überwiegend im weiten Umkreis der jeweiligen Städte und Herrschaften niederlassen. Die Zersplitterung des südwestdeutschen Raumes in eine Vielzahl geistlicher und weltlicher Herrschaften machte dies möglich. Gegen hohe »Schutzgelder« und andere Sonderabgaben wurden Juden gerade in kleineren

2 »Judenhäuser« in Mittelbiberach (Kreis Biberach) aus dem 16. Jahrhundert. Sie lagen etwa 300 Meter vom christlichen Wohngebiet entfernt; ein Bach bildete eine deutliche Grenze.

Herrschaften bereitwillig aufgenommen. Über mehrere Jahrhunderte hin wurden sie Objekte der Ausbeutung. In den Dörfern, in denen Ansiedlungen möglich waren, lagen im 16. Jahrhundert »Judenhäuser« streng abgesondert von christlichen Wohngebieten.

Der Dreißigjährige Krieg brachte an etlichen Orten neue Möglichkeiten der Niederlassung. Viele Herrschaften erlaubten nach diesem Krieg bereitwillig auch jüdischen Familien die Ansiedlung in den teilweise völlig ausgebluteten und niedergebrannten Orten. Auch Juden beteiligten sich am Wiederaufbau der zerstörten Häuser und Höfe. Eine Trennung jüdischer und christlicher Wohngebiete bestand an diesen Orten nun zumeist nicht mehr (z. B. Dörfer im Kraichgau), wenngleich die Sonderabgaben, die Juden zu leisten hatten und die ihnen gerade noch ein Existenzminimum ermöglichten, beibehalten wurden. Seither nahm die Zahl jüdischer Bewohner in den ihnen zur Ansiedlung offenen Orten stark zu, ein Prozeß, der in der ersten Hälfte des 19. Jahrhunderts seinen Abschluß erreichte. Noch im 17. Jahrhundert wanderten auch etliche polnische und russische Juden ein, die vor den furchtbaren Judenpogromen in östlichen Gebieten im Zusammenhang mit dem Kosakenaufstand 1648/49 geflüchtet waren. Die zahlenmäßig stärkste jüdische Gemeinde im südwestdeutschen Raum entstand in Mannheim, wo sich Juden von 1652 an unter relativ günstigen Voraussetzungen niederlassen konnten.

In allen Gebieten lebten die jüdischen Familien in dieser Zeit überwiegend vom Waren-, Vieh- und Geldhandel. Bereits seit dem Mittelalter war ihnen der Zugang zur Landwirtschaft verschlossen, da sie keinen Boden erwerben konnten. Auch handwerkliche Berufe waren ihnen untersagt, da sie nicht in die Zünfte aufgenommen wurden. Nur einzelnen Juden, die in den Rang von Finanzexperten (sogenannte Hoffaktoren) bei einigen Herrschaften aufstiegen, gelang es in der Zeit des 17./18. Jahrhunderts, zu Reichtum zu kommen. Die Geschichte von Jud Süß Oppenheimer zeigt freilich, welche Risiken damit verbunden sein konnten. Die rechtliche Stellung der Juden in den einzelnen Herrschaften unterschied sich teilweise beträchtlich. An zahlreichen Orten kam es immer wieder zu willkürlichen Ausweisungen oder zu Versuchen, Juden in einem ghettoartigen Siedlungsgebiet zusammenzufassen (so noch in Haigerloch 1760 und in Hechingen 1798).

19. Jahrhundert

Als eine Folge des Aufklärungszeitalters und der Französischen Revolution setzte Anfang des 19. Jahrhunderts auch in den neugebildeten Ländern Baden, Württemberg und Hohenzollern (Hohenzollern-Sigmaringen und Hohenzollern-Hechingen) ein Prozeß ein, in dessen Verlauf Juden allmählich wieder die bürgerlichen Rechte eingeräumt wurden. Von 1807 an hoben in Baden sogenannte Konstitutionsedikte, in Württemberg königliche Erlasse die zahlreichen, Jahrhunderte zuvor auferlegten Beschränkungen auf. 1809 wurde der »Badische Oberrat der Staatsbürger Mosaischen Bekenntnisses« (später »Oberrat der Israeliten Badens«) als geistliche und als die Verwaltung der jüdischen Gemeinde betreffende Oberbehörde gegründet. In Württemberg brachte 1828 »Das Gesetz in Betreff der öffentlichen Verhältnisse der israelitischen Glaubensgenossen« umfassende Neuregelungen. Seither bestand auch eine »Israelitische Oberkirchenbehörde« (nach 1924 »Oberrat der israelitischen Religionsgemeinschaft Württembergs« genannt). Bis zur völligen Gleichstellung mit den christlichen Bürgern vergingen jedoch nochmals Jahrzehnte. Erst 1862 wurde sie in Baden, 1864 in Württemberg erreicht. Dazwischen gab es auch Rückschläge, wie in den Monaten der Revolution 1848/49.

An vielen Orten mit größeren jüdischen Gemeinden entstanden nach 1820 jüdische Konfessionsschulen, an anderen Orten wurden die christlichen Schulen besucht. In Baden wurden 1876 die Konfessionsschulen aufgelöst, in Württemberg bestanden sie bis weit in das 20. Jahrhundert hinein. Um 1830 wurde die Gemeinde- und Rabbinatseinteilung neu geregelt.

Mit der Emanzipation und der allgemeinen Aufhebung von Niederlassungsverboten setzte eine starke Landflucht ein: Im Verlauf weniger Jahrzehnte kam es zu einer weitgehenden Entvölkerung der Landgemeinden und zu einer Konzentration der jüdischen Bevölkerung in den Städten. Die größten jüdischen Gemeinden entwickelten sich im Gebiet Baden-Württembergs in Mannheim, Stuttgart und Karlsruhe. Ende des 19. Jahrhunderts wurden bereits einige jüdische Landgemeinden aufgelöst.

Das religiöse Leben der Gemeinden erfuhr mancherlei Veränderungen, da in vielen Stadtgemeinden Reformen durchgeführt wurden, die den Widerstand konservativ-orthodoxer Kreise hervorriefen (Einführung der Orgel; neue Gesangbücher und Gottesdienstordnungen, in denen deutsche neben hebräischen Gebeten und Gesängen eingeführt wurden usw.). In einigen Städten bildeten sich daraufhin orthodoxe jüdische Religionsgemeinschaften mit eigenen Betsälen.

Von der Mitte des Jahrhunderts an leisteten jüdische Unternehmer bedeutende Beiträge zur Industrialisierung des Landes. In den Städten Göppingen und Hechingen bauten sie fast die gesamte Industrie auf (in beiden Fällen überwiegend Textilindustrie).

Nach Erreichen der bürgerlichen Gleichstellung wurden die ersten Juden in Richter- und Staatsanwaltsstellen berufen. An zahlreichen Orten ließen sich jüdische Ärzte nieder. An den Universitäten lehrten nun auch jüdische Professoren. Jüdische Gemeinderäte und Landtagsmitglieder waren bald nichts Ungewöhnliches mehr.

20. Jahrhundert

Anfang des 20. Jahrhunderts setzte sich der Prozeß der Abwanderung aus den Landgemeinden fort. In den Städten pflegten zahlreiche jüdische Vereine ein reges kulturelles Leben. Die Assimilation der jüdischen Kultur an diejenige ihrer Umwelt erreichte ihren Höhepunkt. So konnte sich in Deutschland die zionistische Hoffnung einer Rückkehr nach Palästina nur sehr langsam ausbreiten. Im Ersten Weltkrieg kämpften ganz selbstverständlich auch jüdische Soldaten an den Fronten. 1918 beklagten die jüdischen Gemeinden Badens 589, die Gemeinden Württembergs 270 Gefallene. Die Zahl der jüdischen Bewohner betrug in Baden damals ungefähr 24000, in Württemberg 11000 Personen. Viele jüdische Soldaten kamen aus dem Weltkrieg mit hohen Auszeichnungen zurück. Dies hinderte die bereits im letzten Drittel des 19. Jahrhunderts aktiven Antisemiten nicht daran, nach 1918 die Schuld am unglückseligen Verlauf des Ersten Weltkrieges den Juden zuzuschreiben. Seit 1925 wuchs der Antisemitismus, nahm zunächst aber noch keine bedrohlichen Formen an.

Mit der Machtergreifung Hitlers 1933 änderte sich dies schlagartig. Von da an war »der Jude« zum Volksfeind Nr. 1 gestempelt. Es begann eine Leidensgeschichte, die die Grausamkeiten und die Judenpogrome früherer Jahrhunderte in den Schatten stellen sollte. Am 1. April 1933 setzte der Boykott jüdischer Geschäfte ein, der eine Verdrängung der Juden aus dem Wirtschaftsleben zum Ziel hatte. Sechs Jahre später waren alle jüdischen Gewerbebetriebe zwangsverkauft, enteignet und »arisiert«. Jüdische Beamte wurden entlassen, jüdischen Rechtsanwälten und Ärzten wurde die Zulassung entzogen. 1935 regelten die Nürnberger Gesetze den »Schutz des deutschen Blutes und der deutschen Ehre«. 1938 wurden die Juden polnischer Herkunft ausgewiesen. Am 9./10. November 1938 brannten die Synagogen, wurden jüdische Gewerbebetriebe, die noch bestanden, demoliert und geplündert. Juden wurden geschlagen, zu unwürdigen Handlungen gezwungen, ein Großteil der Männer in das Konzentrationslager Dachau eingeliefert. Die Zahl derjenigen, die auswandern wollten, stieg rapide.

Der Kriegsbeginn 1939 brachte Ausgangsbeschränkungen. 1940 setzten die Deportationen ein. Ein erster Transport betraf die badischen Juden, die am 22. Oktober 1940 in Lager Südfrankreichs verschleppt wurden. Am 1. September 1941 wurde der Judenstern eingeführt, im selben Jahr setzten die Deportationen aus Württemberg ein. Auf dem Stuttgarter Killesberg wurde ein zentrales Sammellager eingerichtet. Die Wannsee-Konferenz im Januar 1942 beschloß die »Endlösung der Judenfrage«. Aus dem Gebiet Baden-Württembergs kamen nach den Forschungen der Archivdirektion Stuttgart mindestens 8500 jüdische Mitbürger gewaltsam ums Leben. Das unbeschreibliche Elend und Leid, das hinter den Namen Auschwitz, Lublin-Majdanek, Maly Trostinec, Izbika, Theresienstadt, Riga, Gurs oder Récébédou steht, wo überall auch Juden aus dem Gebiet Baden-Württembergs ermordet wurden, kann hier nur angedeutet werden.

Kurze Zeit, nachdem fast alle jüdischen Mitbürger Baden-Württembergs deportiert waren, wurden auch im Gebiet Baden-Württembergs mehrere Konzentrationslager eingerichtet, in denen vom Sommer 1944 an auch Tausende jüdischer Häftlinge, die insbesondere aus polnischen Gemeinden stammten, unter katastrophalen äußeren Verhältnissen zur Zwangsarbeit verurteilt waren. Die furchtbarsten dieser Lager, allesamt Außenkommandos des Konzentrationslagers Natzweiler/Elsaß, befanden sich zwischen Heilbronn und Mosbach, in Leonberg, Vaihingen/Enz, Schwäbisch Hall-Hessental, im Raum Balingen/Rottweil und an anderen Orten. Die Zahl der hier nach dem grausamen Motto »Vernichtung durch Arbeit« (in der Rüstungsindustrie, beim Ölschieferabbau usw.) Umgekommenen geht in die Tausende. Erst der Einmarsch der Alliierten brachte im April 1945 die Befreiung der noch lebenden Lagerinsassen.

Einige dieser ehemaligen Lagerarbeiter und die wenigen zurückkehrenden jüdischen Mitbürger waren die ersten, die sich 1945 in einigen Städten wieder zu jüdischen Gemeinden zusammenschlossen. In diesem Jahr konnten jüdische Gemeinden in Mannheim, Karlsruhe, Heidelberg, Stuttgart und Freiburg wiederbegründet werden. Später kamen noch Gemeinden in Baden-Baden und Konstanz dazu. Inzwischen leben in Baden-Württemberg wieder ca. 2200 jüdische Gemeindeglieder.

Zur Geschichte der Synagogen in Südwestdeutschland

Mittelalter

An allen Orten, wo im Mittelalter jüdische Gemeinden entstehen konnten, wurden auch Synagogen eingerichtet. Gottesdienste konnten gefeiert werden, wenn zehn religionsmündige, d. h. über 13 Jahre alte Männer zusammen waren. Für kleinere Gemeinden reichte als Synagoge ein Betsaal in einem der jüdischen Häuser aus, größere Gemeinden erstellten dafür eigene Gebäude. Der Bau von Synagogen und ihre Unverletzlichkeit wurde in Deutschland durch zahlreiche Privilegien von geistlichen und weltlichen Herrschern garantiert. Freilich nützten diese oft teuer erkauften Privilegien in Zeiten der Verfolgung nichts mehr.

Im Gebiet Baden-Württembergs sind durch schriftliche (in drei Fällen nur durch alte mündliche) Überlieferungen in etwa 30 Städten mittelalterliche Synagogen bekannt. Die tatsächliche Zahl wird wesentlich höher liegen. Nur an einem Teil der Orte sind die genauen Standorte bekannt, keines der Gebäude ist erhalten.

An den folgenden Orten werden im Mittelalter Synagogen genannt (die Jahre der ersten Erwähnung liegen teilweise erst nach den Zeiten der Verfolgungen):

Bad Wimpfen: Synagoge 1327 genannt, Standort unbekannt.

Bruchsal: Synagoge 1344 genannt, vermutlich in der Judengasse, heute unterer Teil der Rathausstraße.

Ehingen/Donau: Synagoge 1347 genannt, Gebäude in der Judengasse 1967 abgebrochen.

◁ 3 Kapellengasse in Lauda, im Mittelalter die Judengasse. Die »Heilig-Blut-Kapelle« ist möglicherweise am Platz der ehemaligen Synagoge erbaut worden.

4 Votivtafel in der Heilig-Blut-Kapelle in Lauda mit den Bildern der angeblichen Hostienschändung. Der Untertext lautet: »Merke Lieber Leser den Ursprung dieser Kapellen. In dieser gassen wo Vor fünfhundert Jahren Viele Juden gewohnet und derentwegen Judengassen genannt worden, Hat Ein gottloser Jud Eine christliche Frau mit Versprechung Vielen Geldes beredet, wann sie zum heiligen Abendmahl gehe, solle sie die heilige Hostie wieder aus dem Mund herausfallen lassen und ihme zu Haus tragen welches dann geschehen, der gottlose Jude aber, als sie Ihm solche gebracht auf seinen Tisch gelegt, und mit Einem Messer Darein gestochen, Daraus dann das blut Reichlich geflossen, als nun der Jud das erschröckliche Wunderzeichen gesehen, ist der häftig darüber Erschrocken und die Heil. hostien hinter seinem Haus Begraben, und alle Nacht Ein helles Licht sich daselbst hat sehen Lassen, welches, da die Nachbarn gewahr worden. Haben sie gebührenden Orthen angezeigt, darauf nachgesucht, die heil. Hostien gefunden, und da an das Wort wo das Judenhaus gestanden, Diese Kapellen erbauet worden, wie dann das geschehene Wunderzeichen Genugsam Erweiset eine Von Rom Anno 1300 Gegebene und Annoch vorhandene Bulla. . .«

Esslingen: Synagoge 1268 genannt, 1348 abgebrannt, danach vermutlich wiederaufgebaut, 1490 verkauft; Standort im Judengässle, Gegend der heutigen Ritterstraße.

Freiburg i. Br.: Synagoge 1424 genannt, Standort Ecke Weberstraße/Raustraße.

Grünsfeld: Synagoge um 1415 genannt, Standort unbekannt.

Heidelberg: Synagoge 1391 in Marienkapelle umgebaut, Standort Obere Dreikönigsstraße/Untere Straße; Ende des 17. Jahrhunderts zerstört.

Heilbronn: erste Synagoge vermutlich 1298 oder 1349 zerstört; zweite Synagoge 1357 genannt, 1467 enteignet, Standort in der Lohtorstraße.

Herrenberg: Synagoge 1347 genannt, Standort vermutlich am Platz der um 1400 erbauten Spitalkirche.

Kirchheim/Teck: Synagoge 1329 genannt, Standort unbekannt.

Konstanz: erste Synagoge (vor 1348) 1423 genannt, Standort Rosgartenstraße; zweite Synagoge (Betsaal) im 15. Jahrhundert in der Münzgasse.

Lahr: Synagoge vor 1349 (auf Merian-Stadtplan von 1634), Standort in der Judengasse, heute Lammstraße und Metzgerstraße.

Leonberg: Synagoge 1349 genannt, vermutlich in der Pfarrgasse.

Offenburg: Synagoge nach mündlicher Überlieferung über der 1857 entdeckten mittelalterlichen Mikwe (rituelles Bad) in der Glaserstraße.

Öhringen: Synagoge 1353 genannt, vermutlich am Platz der Spitalkirche in der Altstadt-Straße.

Ravensburg: Synagoge 1342 genannt, in der Judengasse, heute Grüner-Turm-Straße (Gedenktafel vorhanden).

Reutlingen: Synagoge (14. Jh.) 1590 genannt, in der Judengasse, heute Teil der Kanzleistraße.

Rottenburg/Neckar: Synagoge 1392 genannt, Standort zwischen Stadtlanggasse und Schulergasse.

5 Gebäude der mittelalterlichen Synagoge in Ehingen/Donau (vermutlich 14./15. Jh.), 1967 abgebrochen.

Rottweil: Synagoge 1355 genannt, Standort im Judenort, heute St.-Lorenz-Ort, eventuell am Platz der St.-Lorenz-Kapelle.

Schwäbisch Gmünd: Synagoge 1358 genannt, im Judenhof, jetzt Imhofstraße, Gebäude 1788 abgebrochen.

Schwäbisch Hall: Synagoge 1457 genannt, im Judenhof, jetzt Haal.

6 Gedenktafel am Standort der mittelalterlichen Synagoge in Ravensburg.

Stuttgart: erste Synagoge 1350 genannt, Standort vermutlich Dorotheenstraße; zweite Synagoge (15. Jh.) in der Judengasse, heute Brennerstr.

Tübingen: Synagoge nach mündlicher Überlieferung in der Judengasse.

Überlingen: erste Synagoge 1332 zerstört, Standort Christophstraße; zweite Synagoge 1349 vermutlich in Spitalkapelle umgewandelt (besteht nicht mehr).

Ulm: Synagoge 1354 genannt, samt einer Frauensynagoge (vermutlich Anbau an die Männersynagoge) im Judenschulhof, Teil des Judenhofes. Bei der Sanierung des Hauses Judenhof 1 wurde im April 1987 eine ausgemalte Nische entdeckt, in der vermutlich die Torarollen des spätmittelalterlichen Betsaales untergebracht waren.

Villingen: Synagoge 1349 genannt, Standort im Winkel zwischen Münsterplatz und Kronengasse.

Waiblingen: Synagoge 1350 genannt, Standort unbekannt.

Weikersheim: im 16. Jahrhundert wird eine »Judenkirch« genannt, vermutlich Hinweis auf mittelalterliche Synagoge, Standort unbekannt.

Weil der Stadt: Synagoge nach mündlicher Überlieferung in der Judengasse, heute Zwingergasse.

Weinheim: Synagoge 1298 abgebrannt, Standort in der Judengasse, vermutlich Reste 1875 wiederentdeckt, doch wieder zugemauert.

Wertheim: erste Synagoge 1349 zerstört; zweite Synagoge 1381 genannt, 1447 zerstört und Marienkapelle darauf erbaut, Standort in der Kapellengasse; dritte Synagoge 1520 genannt.

Diese Liste ist mit großer Wahrscheinlichkeit sehr unvollständig. Beispielsweise fehlen schriftliche wie mündliche Überlieferungen zu Orten wie Bad Mergentheim, Breisach, Lauda, Mosbach, Pforzheim, Tauberbischofsheim, wo in dieser Zeit mit großer Sicherheit Synagogen bestanden.

Vermutlich werden auch im Gebiet Baden-Württembergs die mittelalterlichen Synagogen in den Stilformen der Zeit errichtet worden sein. Diesen Schluß legt ein Vergleich mit teilweise erhaltenen Synagogen dieser Zeit aus einer weiteren Umgebung nahe. Die 1174/75 in Worms erbaute Synagoge (abgebrochen 1938, erneuert) gilt als Meisterwerk spätromanischer Architektur. Die erhaltenen Ruinen der Synagoge in Speyer zeigen für den Bau um 1090 romanische Fenster, die teilweise im 14. Jahrhundert durch Spitzbogenfenster mit Mittelstreben ersetzt wurden. Anfang des 13. Jahrhunderts wurde die Synagoge in Regensburg in frühgotischem Stil erbaut (aus zeitgenössischen Darstellungen bekannt, abgebrochen 1519). Eine spätgotische Architektur zeigen die erhaltenen Synagogen in Prag (Altneu-Schule) und Krakau-Kazimierz (Alte Synagoge), die aus dem 14./15. Jahrhundert stammen.

Bei mittelalterlichen Synagogen sind vor allem zwei Bautypen bekannt, der Saalbau und der zweischiffige Raum. Mit beiden Bauweisen unterschied sich die Synagoge von den gleichzeitigen, überwiegend dreischiffigen kirchlichen Bauten. Der zweischiffige Typ entsprach dabei besser den Bedürfnissen der Synagoge, da zwischen den Stützen in der Mitte der Almemor mit dem Pult zur Vorlesung der Tora seinen Platz fand. In der Mitte der Ostwand befand sich der Toraschrein. Innerhalb des jüdischen Viertels, der Judengasse, oder dem Judenschulhof, standen die Synagogen gewöhnlich frei, umgeben von dem »Judenschulhof« (Bezeichnung z. B. aus Schwäbisch Gmünd, Ulm und anderen Orten bekannt), der eine Art innerer Marktplatz der Judengasse gebildet haben wird.

In Zeiten der Verfolgung wurden die Synagogen, in die sich die Juden zu retten versuchten, oftmals zum Schauplatz furchtbarer Blutbäder: In Weinheim verbrannten bei der Judenverfolgung am 20. Dezember 1298 etwa 70 Personen in der Syn-

7 Inschrift an der Marienkapelle in Wertheim: »Anno Domini 1447 ist hie zerbrochen und verstört worden eine iudenschule und angehoben dise capelle. . .« Die Synagoge (Judenschule) war von der christlichen Bevölkerung zerstört worden. An ihrer Stelle steht bis heute die Marienkapelle.

agoge, in der sie noch den Sabbatgottesdienst gefeiert hatten. In Überlingen wurde den Juden Anfang März 1332 ein Ritualmord angedichtet. Im Zusammenhang mit der ausbrechenden Verfolgung flüchteten einheimische sowie zufällig in der Stadt weilende, auswärtige Juden in die Synagoge. Diese wurde von einer wütenden Menge in Brand gesteckt, wobei 300 bis 400 Juden umkamen. In Esslingen kam es in der Zeit der Pestverfolgungen am 27. Dezember 1348 zur Selbstverbrennung der Juden in der Synagoge und in ihren Häusern.
Nach den Verfolgungen und Ausweisungen gingen die Synagogen in städtischen, klösterlichen und in Privatbesitz über. In Freiburg i. Br. wurde auf dem Platz der Synagoge und der Nachbargebäude das bürgerliche Bräuhaus erbaut, das später als »Neuhof« für Armenwohnungen diente. In Heidelberg, Wertheim, vermutlich auch in Herrenberg, Lauda, Rottweil und Überlingen wurden auf den Plätzen der Synagogen Kirchen erbaut bzw. die Synagogen in Kirchen umgewandelt.

Neuzeit (16.–18. Jahrhundert)

Nach Ausweisung der Juden aus zahlreichen Städten und Herrschaftsgebieten entstanden zunächst nur an wenigen Orten jüdische Gemeinden mit eigenen Einrichtungen. Oft wurde in den Landgemeinden nur einer oder zwei Familien die Niederlassung erlaubt; im Gebiet der Kurpfalz war dies im 16. Jahrhundert an zahlreichen Orten die Regel. Dies führte dazu, daß in dieser Zeit jüdische Traditionen vielfach nur innerhalb der Familien gepflegt werden konnten.

Dennoch entstanden bis zum Anfang des 17. Jahrhunderts an einigen Orten Gemeinden mit eigenen Einrichtungen; in wenigen Fällen bestand auch die mittelalterliche Gemeinde fort. In Wertheim konnte 1520 eine neue Synagoge im sogenannten Brükkenviertel erbaut werden, 1592/93 wurde sie von Grund auf erneuert. In Hechingen und Sulzburg werden 1546 erstmals Synagogen genannt, an anderen Orten wenige Jahre später: (Schwendi-)Orsenhausen (Lkr. Biberach, 1550), Künzelsau (nach 1550), Breisach (1565), Aach (Lkr. Konstanz, 1581), Haigerloch (1595), (Bad Rappenau-)Heinsheim und (Buchen-)Hainstadt (um 1600), (Königheim-)Gissigheim (1617). Auch hier sind die Quellen sehr lückenhaft und die Erwähnungen oft zufällig. In vielen Fällen besuchten Juden aus Orten, in denen die Einrichtung einer Synagoge nicht möglich war, die Gottesdienste einer Nachbargemeinde. So feierten die Wimpfener Juden um 1600 die Gottesdienste gemeinsam mit denen aus Heinsheim im dortigen Betsaal, die Königheimer Juden gingen nach Gissigheim, die Mergentheimer Juden zogen bis 1648 ins benachbarte Neunkirchen.
Fast durchweg wird es sich bei diesen »Synagogen« (im strengen Sinne versteht man darunter gewöhnlich selbständige Gebäude) um einfache Betstuben gehandelt haben, die in jüdischen Wohnhäusern eingerichtet wurden. Ein typisches Beispiel liegt aus Bad Buchau vor: Nach der Überlieferung geht der Betsaal im ausgebauten Dachgeschoß eines jüdischen Wohnhauses in das 15. Jahrhundert zurück. Ähnlich waren die Verhältnisse im sogenannten »Judenbau« in (Buchen-)Hainstadt, wo neben dem Betsaal der jüdischen Gemeinde auch eine Schächterei und Wohnungen eingerichtet waren. Unter

8 Haus des Betsaales in Bad Buchau, nach der Überlieferung aus dem 15. Jahrhundert. Der Betsaal befand sich im Obergeschoß des Anbaus, der Toraschrein an der Stelle des heutigen, nach Osten gerichteten Fensters.

welch armseligen Bedingungen oft Gottesdienste gefeiert wurden, erfährt man beispielsweise aus Muggensturm (Lkr. Karlsruhe). Hier befand sich bis 1834 der Betsaal in einem jüdischen Privathaus. Die Männer hatten beim Gottesdienst gerade noch ausreichend Platz, die Frauen mußten sich hingegen mit dem hinter dem Betsaal gelegenen Hühnerstall begnügen.

Als nach dem Dreißigjährigen Krieg an vielen Orten etliche geistliche und weltliche Herrschaften vermehrt jüdische Familien zur Belebung des Ortes und seiner Wirtschaft aufnahmen, erhöhte sich auch bald die Zahl der Betsäle und Synagogen. 1648 werden »Judenschulen« in Waibstadt (Rhein-Neckar-Kreis) und Weikersheim (Main-Tauber-Kreis) genannt, dann nimmt die Zahl der Erwähnungen an anderen Orten stetig zu. Keiner der in dieser Zeit eingerichteten Betsäle ist erhalten, doch dürften auf sie dieselben Merkmale wie im Jahrhundert zuvor zugetroffen haben.

In der zweiten Hälfte des 17. Jahrhunderts wurde in der später bedeutenden jüdischen Gemeinde Mannheims eine erste Synagoge erbaut (1666/1670). Nur wenige Jahre konnten in ihr Gottesdienste gefeiert werden, da Mannheim 1689 durch die Franzosen völlig zerstört wurde. Bis 1705 konnte am selben Platz wieder eine Synagoge erbaut werden. 1689 ist auch Offenburg zerstört worden; hier soll die jüdische Gemeinde zuvor sogar zwei Synagogen benutzt haben.

In der ersten Hälfte des 18. Jahrhunderts wurden einige der Betsäle prachtvoll ausgemalt. Die Tradition kunstvoller Synagogendekorationen läßt sich bereits in der Antike feststellen, wovon die Fresken in der Synagoge von Dura Europos in Nordsyrien sowie zahlreiche in Israel ausgegrabene Synagogen der byzantinischen Zeit (Chorazin, Maon, Tiberias-Hammat, Bet Alfa, Jericho, En Gedi usw.) beredtes Zeugnis ablegen. Hier finden sich in herrlichen Mosaikböden Darstellungen biblischer Szenen, jüdischer Kultsymbolik, Tiere, Pflanzen und Darstellungen aus dem Bereich der griechisch-römischen Mythologie. So war die jüdische, volkstümliche Kunst bereits in der Antike weit entwikkelt; die Tradition begegnet wieder in Synagogen des Mittelalters: Die spanischen Synagogen (z. B. die alte Synagoge »El Transito« von Toledo) waren mit prächtigen Wandornamenten versehen. Im 17. Jahrhundert finden sich herrlich ausgemalte Holzsynagogen in Polen. Von hier aus kam die Tradition der Bemalung eines Betsaales auch nach Süddeutschland. Um 1730/1740 malte der polnische Künstler Elieser Sussmann, Sohn des Kantors Schlomo Katz aus Brod, mehrere Synagogen im süddeutschen Raum aus: Bechhofen in Mittelfranken (1938 zerstört), Horb am Main (Betsaal heute im Israel-Museum in Jerusalem), Schwäbisch Hall-Unterlimpurg (heute im Hällisch-Fränkischen Museum in Schwäbisch Hall), Kirchheim bei Würzburg (1945 zerstört). Der im Haller Museum aufge-

9 Darstellung der heiligen Stadt Jerusalem im ehemaligen Betsaal Schwäbisch Hall-Unterlimpurg, 1738/39 von Elieser Sussmann ausgemalt.

stellte Unterlimpurger Betsaal (1985–1987 restauriert) ist das letzte im süddeutschen Raum erhaltene Zeugnis jener bewundernswerten Kunstwerke.

Noch andere Betsäle wurden in dieser Zeit ausgemalt. Auch der bis 1745 in Crailsheim benutzte Betsaal ähnelte den von Sussmann ausgemalten Synagogen. Das Gebäude wurde 1945 zerstört. Ein dekorierter Betsaal findet sich bis heute auch in Bad Buchau. Er wurde bis zum Bau der ersten Synagoge 1731 benutzt. In diesem Raum sind eine Kassettendecke und die Türe mit Blumen in leuchtenden Farben bemalt. Diese Malereien sind im Stil von Bauernmalereien gehalten.

Als im 18. Jahrhundert die Zahl jüdischer Gemeindeglieder an etlichen Orten stark zunahm, wurden die ersten eigenständigen Synagogengebäude erstellt, die einen der örtlichen Kirche durchaus vergleichbaren repräsentativen Charakter aufwiesen. Freilich waren sie durch das Fehlen eines Turmes gegenüber der Kirche wesentlich unauffälliger und standen oft abseits des Ortszentrums. Teilweise lag ihnen ein weitgehend einheitliches architektonisches Schema zugrunde, der sogenannte Hugenottenstil. Hugenotten und Juden verband in dieser Zeit eine ähnliche Unterdrückung bzw. Duldung. Die aus Frankreich vertriebenen Hugenotten verbreiteten in Holland und Deutschland einen Kirchenbaustil, der dem Barock gegenüber von nüchterner Klarheit und großer Sparsamkeit in den Schmuckformen war. Nachweislich wurde der 1621–1623 von Salomon de Brosse erbaute Temple de Charenton in der Nähe von Paris ein Vorbild für viele protestantische wie jüdische Gotteshäuser. Es handelte sich um ein im Stil einer antiken Basilika erbautes Gebäude mit hohem Walmdach, langgezogenen Rundbogenfenstern, einem Muldengewölbe und ringsumlaufenden Emporen im Innern. Dieselben Merkmale weisen beispielsweise die Synagogen in Bretten (1821/22), Hechingen (Synagoge Friedrichstraße 1761 und Goldschmiedstraße um 1770), Freudental (1770) und (Weikersheim-)Laudenbach (1799) auf. Charakteristika des protestantischen Barockstils finden sich noch sehr ausge-

10 Ehemalige Synagoge in (Horb-)Mühringen, 1807–1810 erbaut, 1938 demoliert, 1960 abgebrochen. Die Synagoge war im protestantischen Barockstil erbaut.

prägt in späten Landsynagogen Anfang des 19. Jahrhunderts, wie eine Aufnahme der Synagoge in (Horb-)Mühringen zeigt. Sie wurde 1807–1810 erbaut und faßte ungefähr 500 Personen. Nach zeitgenössischen Berechnungen hätten bei anderer Bestuhlung auch problemlos 2000 Personen Platz gefunden.

Trotz des unübersehbaren Einflusses durch den Baustil der Hugenotten zeigen die Synagogen des 18. Jahrhunderts zahlreiche Varianten. An einigen Bauten sind spätbarocke Einflüsse unübersehbar, z. B. in (Ravenstein-)Merchingen (1737), (Waldshut-)Tiengen (1790), (Bad Rappenau-)Heinsheim (1796). Die Fenster zeigen nicht nur Rundbögen, sondern auch Korbbögen oder sind rechteckig gehalten. Teilweise finden sich kleinere Rund- oder Ovalfenster an West- und Ostfassade. Die Decken weisen nur in einigen Fällen ein Muldengewölbe auf; verbreitet ist auch eine Flachdecke oder ein Tonnengewölbe. Die Frauenemporen finden sich teilweise nur an der Westseite, oft jedoch auch an der Nord- und Südseite. Viele Synagogen sind Hintergebäude von Häusern, in denen der jüdische Lehrer/Vorsänger wohnte.

19. Jahrhundert

Das 19. Jahrhundert war die große Zeit des Synagogenbaus in Deutschland. Zum einen wurden in der ersten Hälfte des Jahrhunderts in zahlreichen Landgemeinden Synagogen wieder neu erstellt oder vergrößert. Die Zahl der jüdischen Gemeindeglieder erreichte damals in den Dörfern ihren Höhepunkt. Zum anderen wurden in diesem Jahrhundert in vielen Städten neue Synagogen erbaut, insbesondere nach Aufhebung der Niederlassungsverbote. Eine erste Großstadtsynagoge wurde 1798–1806 in Karlsruhe erbaut. Weitere repräsentative Bauten dieser Art folgten in anderen Städten jedoch erst von der Mitte des Jahrhunderts an.

Für die Synagogenarchitektur gab es seit dem Anfang des 19. Jahrhunderts trotz eines großen Variationsspektrums zwei grundsätzlich verschiedene Möglichkeiten, die unterschiedliche Begründungszusammenhänge voraussetzen.

Nach der ersten Ansicht sollte in der Architektur ein spezifisch jüdisches Element, ein eigener Stil, verwirklicht werden. Eine Möglichkeit bot dazu die Orientierung an Modellen des zerstörten Jerusalemer Tempels, an den jede Synagoge erinnern und die Hoffnung auf seine Wiedererrichtung lebendig halten sollte. Nach der Anfang des 19. Jahrhunderts vorherrschenden Architekturtheorie war dieser Tempel von ägyptischer Architektur geprägt, wie überhaupt zahlreiche Erscheinungen der Bibel von Ägypten hergeleitet wurden. Es lag nahe, Elemente dieser Tempelarchitektur im Synagogenstil zu verwirklichen. Um 1840 wurde die Verwendung des ägyptischen Stils beim Bau des salomonischen Tempels stark angezweifelt, was zum Ende dieser architektonischen Bauweise im Synagogenbau führte. Es wurde darauf hingewiesen, daß die orientalische Tradition der alten Israeliten für den Tempel in Jerusalem eher einen Stil vermuten lasse wie den der arabischen Völker. Am arabischen Stil hatte sich zudem auch der Synagogenbau im mittelalterlichen Südspanien orientiert. Vermutlich hätten die Juden, wären sie nicht aus Palästina vertrieben worden, in ähnlicher Weise wie die Araber gebaut. Dieser Impuls sollte sich kurze Zeit später in den neuislamischen bzw. maurischen Synagogenbauten niederschlagen.

Neben dieser zunächst an Rekonstruktionen des Jerusalemer Tempels und an maurisch-islamischen Vorbildern orientierten Architektur gab es einen zweiten Begründungszusammenhang, bei dem der Bezug zum Jerusalemer Tempel und zum Orient bewußt außer acht blieb. Danach mußte die Synagoge als Bethaus in der Diaspora keinen eigenen architektonischen Stil haben, sondern konnte durchaus dem Baustil der Zeit und Umgebung folgen. Die Synagoge sollte auch keinesfalls zum Ersatz des Tempels werden, sondern konnte auch

11 Ehemalige Synagoge in (Gerabronn-)Dünsbach, 1799 erbaut, nach 1935 abgebrochen.

12 Ehemalige Synagoge in (Kehl-)Bodersweier, 1812/13 erbaut, 1938 demoliert, 1951 abgebrochen.

architektonisch ihren Diasporacharakter zeigen. Auch die mittelalterlichen Synagogen in Mitteleuropa hatten sich an romanischen und gotischen Vorbildern und somit am Baustil der Zeit orientiert. Nach diesem Begründungszusammenhang nahm die Synagogenarchitektur im 19. und 20. Jahrhundert einen Verlauf, wie er der allgemeinen Architekturgeschichte entsprach und wie er in paralleler Weise auch in der Grabsteinarchitektur jüdischer Friedhöfe zu beobachten ist. Freilich gab es deutliche Unterschiede in der Übernahme einzelner Stilrichtungen sowie starke Vorbehalte gegen die neugotische Bauweise. In der Praxis des Synagogenbaus war das Resultat auch oft ein eklektizistischer Mischstil; nur wenige Gebäude sind außen und innen konsequent nach einer Stilrichtung erbaut. Beispielsweise zeigt die 1869/70 erbaute Freiburger Synagoge außen romanische, gotische und neuislamische Stilelemente sowie minarettartige Aufsätze. Im Innern überwiegen neuislamische bzw. maurische Formen. Unterschiedlich war die Grundrißgestaltung. Unter dem Einfluß des protestantischen Barockstils und bei Beibehaltung des Almemors in der Mitte des Betsaales ergaben sich schon im 18. Jahrhundert vielfach eher quadratische Grundrisse. Im 19. Jahrhundert überwogen lange Zeit längsrechteckige Bauten; im letzten Drittel des Jahrhunderts wurden etliche Zentralbauten mit fast quadratischem Grundriß erbaut (z. B. Göppingen 1881, Ludwigsburg 1884).

Nicht an allen Orten, wo jüdische Gemeinden bestanden, ergab sich die Notwendigkeit eines Synagogenneubaus. In manchen Fällen konnten auch leerstehende Kirchengebäude übernommen und umgebaut werden; in anderen Fällen reichte auch weiterhin ein einfacher Betsaal aus.

Nur in wenigen Orten im Gebiet Baden-Württembergs bestanden gleichzeitig mehrere Synagogen. In Hechingen, wo um 1844 mit 809 Personen die Höchstzahl jüdischer Einwohner verzeichnet wurde, gab es in der ersten Hälfte des 19. Jahrhunderts gleichzeitig drei Synagogen. Die Hauptsynagoge in der Goldschmiedstraße befand sich am Platz einer bereits im 16. Jahrhundert erbauten Synagoge. In der Münzgasse wurde um 1803 von der Hoffaktorenfamilie Kaulla eine zweite Synagoge mit einem Bet Hamidrasch (Jüdisches Lehrhaus) erstellt, die bis 1850 bestand (sog. »Stiftssynagoge«). Im jüdischen Vorort Friedrichstraße wurde 1761 eine Synagoge erbaut, die bis 1870 benutzt und einige Jahre später abgebrochen wurde.

Mannheim und Karlsruhe hatten gleichzeitig zwei Synagogen. In Mannheim bestand neben der Hauptsynagoge im Quadrat F 2 ab 1708 die sogenannte Lemle-Moses-Klaus, ein Lehrhaus mit Synagoge, die aufgrund einer Stiftung von Lemle Moses Rheinganum erbaut werden konnte. Beide Synagogen wurden (im 19. Jahrhundert neu erbaut) bis in die Zeit des Dritten Reiches benutzt. Daneben gab es noch mehrere »Betstübel« von aus dem Osten zugewanderten Juden. In Karlsruhe hatte sich 1869 eine orthodoxe jüdische Gemeinde, die spätere »Israelitische Religionsgemeinschaft«, selbständig gemacht und 1881 eine eigene Synagoge in der Karl-Friedrich-Straße erbaut. Durch ähnliche Verselbständigungen orthodoxer jüdischer Gemeinden gab es neben den Hauptsynagogen vom letzten Drittel des 19. Jahrhunderts an auch eigene orthodoxe Betsäle in Freiburg, Stuttgart, Heilbronn, Heidelberg und Pforzheim.

Zum Baustil

Ägyptischer Stil (Abb. 14)

Einflüsse des ägyptischen Tempelbaustils, die man auch für den salomonischen Tempel in Jerusalem vermutete, lassen sich vom Ende des 18. Jahrhunderts bis um 1840 feststellen. Es handelte sich um eine Übernahme des Empirestils, der in Frankreich in der napoleonischen Zeit entwickelt wurde, eine Art Klassizismus mit ägyptischen Elementen. Nach Plänen Friedrich Weinbrenners wurde 1798–1806 die Karlsruher Synagoge erbaut. Charakteristisch für den Bau waren die beiden flankierenden Pylone der Westfassade, die an die von teils gewaltigen Pylonen abgegrenzten Tempelbereiche ägyptischer Kultorte erinnerten. Auch die offene Vorhalle mit den Säulenreihen dorischer Ordnung entsprachen den Vorstellungen des angeblich unter ägyptischen Einflüssen erbauten salomonischen Tempels in Jerusalem.
Auch die Synagoge in (Efringen-)Kirchen, die 1831 eingeweiht worden ist, war von zwei pylonartigen Türmen mit flachen, pyramidenförmigen Aufsätzen flankiert. Über vier Stufen gelangte man in eine von zwei Säulen getragene Vorhalle. Wie die Syn-

14 Synagoge in Karlsruhe, 1798–1806 erbaut, von Friedrich Weinbrenner entworfen, 1871 abgebrannt.

◁ 13 Ehemalige Synagoge in (Horb-)Nordstetten, 1721 erbaut, 1767 und 1839 umgebaut und vergrößert, 1937 abgebrochen.

agoge in Karlsruhe, trug auch der Bau in Kirchen unverkennbar klassizistische Züge.
Andere Synagogen zeigen ägyptischen Einfluß in der Gestaltung des Aron Hakodesch. In Buchau, einer sonst in einheitlich spätbarock-klassizistischem Stil erbauten Synagoge, wurde ein breiter Architrav mit Dreiecksgiebel über dem Schrein von vier Säulen mit Palmenblattkapitellen getragen (1838 erbaut). Ähnlich gestaltet war auch der Aron Hakodesch in Eichstetten (1829/30 erbaut).

Neuislamischer bzw. maurischer Stil (Abb. 15–19)

Von der Zeit um 1830 an ist ein Eindringen des neuislamischen bzw. maurischen Baustiles in den Synagogenbau festzustellen. Die erste und beispielgebende Synagoge mit islamischen Stilformen entstand 1830–1832 im pfälzischen Ingenheim. Zunächst war als einziges islamisches Element der Hufeisenbogen übernommen worden, der teilweise einfach an die Stelle des früheren Rundbogens (an Eingangsportal und den Fenstern) trat. Bei der Verwendung dieses Stils ergab sich noch eine wesentlich deutlichere Profilierung des jüdischen Kultbaus gegenüber dem christlichen Bau als bei der Verwendung einzelner ägyptischer Elemente. Mehr zufällig als bewußt erinnerten die Bauten an die mittelalterlichen Synagogen Spaniens.

Die erste Synagoge im Gebiet Baden-Württembergs in neuislamischem Stil wurde 1840 in Weingarten (Lkr. Karlsruhe) erbaut. Ihr Eingangsbereich war von einem großen, von zwei Säulen getragenen Hufeisenbogen geprägt, über dem sich eine hebräische Inschrift und ein Rundfenster mit Maßwerk befand. Auch die Seitenfenster waren mit hufeisenförmigen Bögen versehen. Die Synagogen in Ingenheim und in Speyer (1837 erbaut) waren unzweifelhaft das Vorbild für die Weingartener Synagoge. In der Reichspogromnacht wurde sie von auswärtigen Nationalsozialisten (aus Karlsruhe oder Durlach) zerstört. Bald darauf wurde das Gebäude abgebrochen.

Die Synagoge in Breisach erhielt um 1850 einen Aron Hakodesch, der mit seinen Architekturgliedern und der Ornamentik an die Alhambra in Granada erinnert. Das zinnenförmige Abschlußband erinnert an die Moschee zu Cordoba.

Die Synagoge in Stuttgart wurde 1859–1861 erbaut. Ihr Architekt war Baurat Gustav Breymann; nach seinem Tod im August 1859 setzte sein Schüler Adolf Wolff den Bau fort. Neuislamische Elemente prägten das Äußere und Innere der Synagoge. Die zur Hospitalstraße gerichtete Ostfassade war von maurischen Zinnen gekrönt. Diese fanden sich auch auf den kleinen Pavillons, durch die der Weg zu den Eingängen führte. Im mittleren Teil der Fassade zeigte eine Apsis den Standort des Toraschreines an; darüber erhob sich ein mit islamischen Pflanzenornamenten reich geschmückter Rundbogen. Im Innern waren die Säulen und Bögen nach dem Vorbild der Alhambra im spanischen Granada gestaltet. Vor allem fielen die Kapitelle mit den gezackten Bögen und den Pflanzenornamenten auf, die Stilelemente des Löwenhofs der Alhambra imitierten. Der maurische Stil war in Stuttgart schon von einem anderen Bauwerk her bekannt: 1842–1845 hatte König Wilhelm I. das Schloß Wilhelma in Cannstatt in maurischem Stil nach dem

◁ 15 Synagoge in Stuttgart, 1859–1861 erbaut, 1938 zerstört.

16 Synagoge in Stuttgart, Innenansicht.

Vorbild der Alhambra in Granada erbaut. Synagogenarchitekt Adolf Wolff besuchte häufig die Wilhelma, um deren Form und Zeichnung zu studieren.

Auf dem Hintergrund dieses Synagogenbaus ist die jüdische Gemeinde in Stuttgart zu sehen, die überwiegend den Willen nach einer völligen Integration hatte und ihr Judentum vielfach als Konfession auffaßte, doch beim Wissen um eine Akzeptanz und Gleichberechtigung in der Umwelt auch ihren eigenen Charakter zu betonen wußte. Stuttgart war für die jüdische Gemeinde Heimat geworden. An einer Stelle der vorderen Synagogenkuppel war Psalm 132,14 zitiert: »Das ist für immer der Ort meiner Ruhe; hier will ich wohnen, ich habe ihn mir erkoren.« Bei der Synagogeneinweihung am

17 Synagoge in Ulm, 1870–1873 erbaut, 1938 zerstört.

18 Synagoge der Lemle-Moses-Klaus in Mannheim, 1887/88 in islamischem Stil umgebaut, 1938 zerstört.

3. Mai 1861 endete das Schlußgebet der Einweihungspredigt des Rabbiners Dr. Maier mit den Worten: »Ja, dir, geliebtes Stuttgart, unserem Jerusalem, wünschen wir Heil!«

Adolf Wolff erbaute nach der Vollendung der Stuttgarter Synagoge auch die Synagogen in Ulm, Heilbronn, Nürnberg und Karlsbad. Die Ulmer Synagoge wurde 1870–1873 erstellt. Ihre Langseite war die Straßenfront, daher konnte der Bau nicht durch eine sonst prächtige Ost- oder Westfassade zur Geltung kommen. Vorrangig wurden Elemente des Rundbogenstils verwendet, neuislamische Elemente traten etwas zurück. Sie fanden sich an den Eingangsportalen zur Straßenseite (mit kleinen Säulen) und in den Arkaden und Ornamenten der Kuppelaufsätze. Der Bau erhielt vier vergoldete Kuppeln. In den zwanziger Jahren wurde der Stil der Synagoge von den Behörden der Stadt als zu fremdartig und nicht in die Umgebung passend empfunden, worauf die vergoldeten Kuppeln durch vier Flachpyramidenaufsätze ersetzt wurden. Die Heilbronner Synagoge wurde 1873–1877 erbaut. Auch hier wurden islamische Elemente verwendet, allerdings in freier Vermischung mit anderen Stilmitteln. Das Sandsteinmauerwerk war von reicher Ornamentik durchzogen. Das Mauerwerk endete in gebündelten Halbsäulen in Höhe der Emporen. Äußerlich trugen die Seitenschiffe flache Walmdächer und kleine Kuppeln, während die große beherrschende Kuppel sich über dem Bau in patiniertem Kupfer wölbte. Diese Kuppeln erinnern an Bauwerke der indischen oder persischen Kunst.

In Mannheim wurde die Lemle-Moses-Klaus-Synagoge 1887/88 von Architekt Wilhelm Manchot in islamischem Stil völlig umgebaut. Die beiden Vorbauten waren mit zwiebelförmigen Türmen versehen. An beiden Seiten des Erdgeschosses befanden sich hufeisenförmige Tore. Die Fenster der äußeren Fassade im ersten und zweiten Obergeschoß waren reich mit Säulchen und maurischen Ornamenten verziert. Im Innern prägten große hufeisenförmige Bögen das Erscheinungsbild.

Die Synagoge in Pforzheim wurde 1893 durch den Architekten Ludwig Levy erbaut. Hier bestanden die islamischen Elemente vor allem in der Form der bauchigen Kuppel, in den Hufeisenbögen der Westfassade und einem großen Fenster der Südseite.

An einigen Dorfsynagogen lassen sich in der zweiten Hälfte des 19. Jahrhunderts gleichfalls neuislamische und maurische Stilelemente finden. In (Schwanau-)Nonnenweier restaurierte die jüdische Gemeinde 1865 ihre aus der Mitte des 18. Jahrhunderts stammende Synagoge. Die Fenster wurden mit Hufeisenbögen versehen. 1867–1869 entstand die Synagoge in (Ettenheim-)Altdorf. Auch hier finden sich Hufeisenbögen im dreiteiligen Portal sowie in den Fenstern des Obergeschosses und dem

Zwillingsfenster im Giebel. Obwohl das Gebäude im wesentlichen noch erhalten ist, wurden bei Umbauten nach 1945 alle neuislamischen Elemente entfernt, vermutlich, um dem Gebäude einen »neutralen« Charakter zu geben. Die letzten Synagogenbauten in neuislamischer Architektur wurden in Freudenberg/Main und in Rust (Ortenaukreis) erbaut. In Freudenberg war 1891 die Synagoge bei einem Großbrand zerstört worden. Doch konnte sie am selben Platz noch im gleichen Jahr wiederaufgebaut und eingeweiht werden. Das Gebäude, das heute als Wohnhaus genutzt wird, ist das einzige im Gebiet Baden-Württembergs erhaltene Synagogengebäude mit erhaltenen Hufeisenbögen im Eingangsportal und an den Fenstern. Die 1895 in Rust erbaute Synagoge gleicht äußerlich sehr der Müllheimer Synagoge, nur wurden die neuromanischen Rundbögen durch Hufeisenbögen ersetzt.

Klassizistischer Stil (Abb. 20–23)

Mehrere Synagogen im Gebiet Baden-Württembergs, die um 1830/1840 erbaut wurden, zeigten auffallend klassizistische Elemente. Die Synagoge in (Horb-)Rexingen wurde 1835–1837 erbaut, ihre Eingangshalle fällt mit ihrem großen Architrav auf dorischen Säulen auf, darüber das charakteristische Giebelfeld. Die 1839 in Bad Buchau eingeweihte Synagoge trug eine von spätbarocken und klassizistischen Bauten bekannte Lisenengliederung; auch hier war ein prächtiger Giebel vorhanden. Beide Synagogen hatten Rundbogenfenster, wie sie bei spätbarocken und klassizistischen Bauten zumeist verwendet wurden.
Deutlich vom frühen Neuklassizismus geprägt waren auch die Synagogen in (Remseck-)Hochberg (1828), Eichstetten (1829/30) und Laupheim (1836/37).
Klassizistische Elemente begegnen noch im ganzen 19. Jahrhundert. In Formen eines späten Klassizismus der Gründerzeit, vermischt mit zahlreichen anderen Stilelementen, ist die Synagoge in Tübingen von Oberamtsbaumeister Riekert 1882 erbaut worden. Der von außen recht schlichte Bau mit seinen hohen Rundbogenfenstern war im Innern farbenprächtig ausgestaltet. Die Frauenempore wurde von Säulen getragen, deren Kapitelle mit den senkrecht hochgeführten Blättern auch neuislamische Elemente zeigen. Die Decke hatte ein islamisches Sternmuster. Ursprünglich war die Syn-

19 Ehemalige Synagoge in Freudenberg, 1891 erbaut, 1938 demoliert, heute als Wohnhaus genutzt.

20 Ehemalige Synagoge in (Horb-) Rexingen. 1835–1837 erbaut, 1938 demoliert, seit 1952 ev. Kirche.

agoge auch außen bemalt, das Muster erinnerte an Renaissancebauten. Später (nach 1900) erhielt die Synagoge einen einfachen zweiten Verputz.

Neuromanischer Stil (Abb. 24–28)

Zu dem seit der Mitte des 19. Jahrhunderts am häufigsten verwendeten Synagogenbaustil entwickelte sich in Deutschland der neuromanische Baustil. Hauptsächliches Stilelement sind die Rundbögen, die bereits eine längere Tradition im Synagogenbau haben: auch beim Barockstil des 18. Jahrhunderts sind Rundbogenfenster verbreitet. Im Rundbogenstil erbaute Gebäude trugen nach einer zeitgenössischen Beschreibung einen »ernsten, feierlichen, majestätischen und erhebenden Charakter«. Die ersten Synagogen mit deutlich romanischen Zügen wurden in Deutschland um 1840 erbaut. Im badischen Gebiet gingen wesentliche Impulse vom Großherzoglich Badischen Baumeister Heinrich Hübsch (1795–1863) aus. Ihm wurden auch Synagogenpläne zur Beratung vorgelegt, wie dies vom Bau der Hemsbacher Synagoge bekannt ist. Ihr Architekt Valentin Fuchs war mit Hübsch entfernt verwandt. Die Pläne der Hemsbacher Synagoge tragen unverkennbar die Handschrift des großen badischen Baumeisters der Romantik. Fenster und Türen der 1844 erbauten Synagoge sind im Rundbogenstil gehalten. Um 1840 wurden auch die Synagogen in Reilingen (Rhein-Neckar-Kreis) und Gondelsheim (Lkr. Karlsruhe) erbaut. Beide weisen ein Rundbogenfries auf. 1844–1846 wurde die Synagoge in (Riesbürg-)Pflaumloch erbaut. An romanische Vorbilder erinnern auch hier der Rundbogenfries und hohe, mit Blendarkaden versehene Rundbogenfenster.

Die 1851/52 in Müllheim erbaute Synagoge hatte einen repräsentativen, dreibogigen Eingang. Das Untergeschoß wurde durch einfache Rundbogenfenster gegliedert, dazwischen fanden sich flache Lisenen. Das Obergeschoß hatte gekoppelte Langhausfenster, über ihnen ein Rundfenster.

Der Rundbogenstil beherrschte in der zweiten Hälfte des 19. Jahrhunderts auch zahlreiche Stadtsynagogen, wenngleich kaum eine Synagoge in reinem neuromanischen Stil erbaut wurde. Fast immer lagen Mischformen vor. Die 1851–1855 in Mannheim erbaute Hauptsynagoge war von Bauinspektor Lendorff entworfen worden. Nach seinem Tod wurde der Bau unter der Oberleitung von F. Eisenlohr von Architekt H. Lang fortgesetzt. Die zur Straßenseite gerichtete Westfassade fiel durch das romanische Eingangsportal, eine Fensterrose und die Galerie von Blendarkaden auf, die zwei Seitenrisalite mit dem Giebel des Mittelteils verbanden. Im »Mannheimer Unterhaltungsblatt« wurde der Bau zur Einweihung hoch gepriesen: »Ein Bau von dem Umfang und der Schönheit, von der Bedeutung, wie die unlängst ... übergebene Synagoge, verdient wohl mit einer größeren Ausführlichkeit beschrieben zu werden ..., denn da ist gewiß keiner, den diese Zierde der hiesigen Stadt nicht mit Bewunderung erfüllt, auf den die Harmonie in den Verhältnissen und die Konsequenz des Styls nicht den wohltuendsten und erhebendsten Eindruck ... gemacht.«

In der Tradition des neuromanischen Synagogenbaus steht auch die Freiburger Synagoge, die 1869/70 erbaut wurde. Ihr Grundriß war annähernd quadratisch; ähnliche Zentralbauten finden sich in Basel, Ludwigsburg und anderen Städten. Der Rundbogenstil war hier vielfältig gemischt; ein Konsolfries, der durch Rundbögen verbunden war, umlief das Gebäude. Vermutlich wurde die Freiburger Synagoge nach dem Vorbild der Synagoge in Basel erbaut, die freilich mit einer Kuppel versehen wurde.

Auch die Heidelberger Synagoge (1878 erbaut) war mit Rundbogenfenstern versehen, die großenteils durch das Maßwerk als gekoppelte Fenster mit darüber befindlichem Rundfenster gegliedert waren. Über dem Eingangsportal der Westfassade fand sich ein hohes Fenster mit komplizierterem Maßwerk.

In rein neuromanischem Stil erbaute 1898/99 der Architekt Ludwig Levy die Synagoge in Baden-Baden. Sie wurde aus grauem, im Murgtal gebrochenen Sandstein errichtet. Der Aron Hakodesch war aus weißem Marmor gehauen. Außen fallen neben dem romanischen Rundbogenportal und dem fünfteiligen Fenster der Westfassade die beiden Türme mit ihren spitzen Turmhelmen auf, die dem Bau ein kirchenähnliches Aussehen verliehen, wenngleich der Giebel mit den Gebotstafeln und ein Rundfenster mit einem Davidstern versehen waren. Die Fassaden des Querhausgiebels waren mit großen Fensterrosen geschmückt.

Neugotischer Stil (Abb. 29–32)

Im 19. Jahrhundert konnte der gotische Kirchenbau größte Triumphe feiern. Das Ulmer Münster und der Kölner Dom wurden vollendet und als Juwele der Gotik, des »deutschen Stiles« gefeiert. Die gotische Baukunst galt nach einem Bauwörterbuch von 1859 als »monumentale Verkörperung germanisch-christlichen Geistes«. Es versteht sich von

21 Synagoge in Bad Buchau, 1839 eingeweiht, 1938 zerstört.

selbst, daß bei allem Vertrauen in die erreichte Gleichberechtigung jüdische Gemeinden schwer damit taten, Synagogen in gotischer Architektur in Auftrag zu geben.
Immerhin wurden bereits bei der in ägyptisierender Bauweise erstellten Synagoge Friedrich Weinbrenners in Karlsruhe (1798–1806 erbaut) Fenster mit Spitzbögen verwendet. Weinbrenner schätzte die Gotik hoch ein, in seinem »Architektonischen Lehrbuch« brachte er die gotische und ägyptische Baukunst miteinander in Verbindung.
Spitzbogenfenster hatte auch die 1832 eingeweihte Synagoge in Ladenburg und die 1833 erbaute Synagoge in Hockenheim (beide Rhein-Neckar-Kreis). Zu erwähnen ist auch die Synagoge in (Creglingen-)Archshofen, deren Fenster den »Eselsrücken« zeigten, eine in der Spätgotik, aber vorher auch in der islamischen Baukunst bekannte Form des Spitzbogens. Die Archshofener Synagoge war 1865 umgebaut worden.
Zuletzt wurde 1928 in Gernsbach (Lkr. Rastatt) eine Synagoge in gotisierendem Stil erbaut. Die insgesamt wenigen neugotischen Merkmale in der Synagogenarchitektur zeigen den äußerst vorsichtigen Umgang der jüdischen Gemeinden mit diesem als »christlich-deutsch« angesehenen Baustil.

22 Synagoge in Tübingen, 1882 erbaut, 1938 zerstört.

Neu-Renaissance-Stil (Abb. 33, 34)

Einige wenige Synagogen, die um 1870/1880 erbaut wurden, zeigen deutliche Einflüsse der italienischen Renaissance, die in diesen Jahren wiederum sehr geschätzt wurde. Nachdem 1871 in Karlsruhe die von Friedrich Weinbrenner erbaute Synagoge abgebrannt war, wurde 1873–1875 eine neue Synagoge erstellt. Der Architekt des Neubaus, Josef Durm, hatte eine besondere Vorliebe für die italienische Renaissance. So zeigten sich im Baustil der neuen Synagoge Einflüsse kirchlicher Bauten der Toskana. Die Fassade war durch abwechselnde Verwendung grünlicher und weißer Sandsteine in angenehmem Farbton gehalten. Auf Höhe zwischen Eingangsportal und hohem Rundbogenfenster umlief ein Kranzgesims das Gebäude. Den Giebel zierte eine Palmette.
1881/82 wurde auch in Bruchsal eine Synagoge in auffallendem Neu-Renaissance-Stil erbaut. Im Grundriß und in der Gestaltung der Fassade zeigen sich manche Ähnlichkeiten mit der Karlsruher Syn-

25 Ehemalige Synagoge in Gondelsheim, um 1840 erbaut, 1925 geschlossen, nach 1930 zu Wohn- und Geschäftshaus umgebaut.

◁ 23 Synagoge in Tübingen, Innenansicht.

◁ 24 Synagoge in Müllheim, 1851/52 erbaut, 1938 nicht mehr benutzt, 1968 abgebrochen.

agoge. Auffallend war in Bruchsal jedoch ein Fassadenvorbau, der an das Tempietto des Donato d'Angelo Bramente in Rom erinnerte, wenngleich Ähnlichkeiten auch mit dem Felsendom in Jerusalem vorhanden waren. Dieser wurde bis ins 17. Jahrhundert hinein als Abbild des Jerusalemer Tempels betrachtet.

1882/83 ist nach Plänen des Architekten Holzmann auch in Konstanz eine Synagoge errichtet worden. Auch sie zeigte zahlreiche Stilelemente der Renaissance. Das Hauptportal war flankiert von zwei kleineren turmartigen Kuppelbauten. Auch hier umlief ein Kranzgesims auf Höhe des Giebels über dem Eingangsportal das Gebäude. Auch im Innern überwog der Renaissancestil. Der Aron Hakodesch war mit einem Vorbau mit Pilastern, dekoriertem Fries und einem Sprenggiebel versehen, in den die Gebotstafeln eingefügt waren.

Auch die in dieser Zeit in manchen Städten entstan-

26 Hauptsynagoge in Mannheim, 1851–1855 neu erbaut, 1938 zerstört.

27 Synagoge in Freiburg, 1869/70 erbaut, im Zustand von 1902. Die Synagoge wurde 1925/26 umgebaut und vergrößert, 1938 zerstört.

28 Synagoge in Baden-Baden, 1898/99 erbaut, 1938 zerstört.

denen Synagogen, die als Zentralbauten von quadratischem Grundriß erbaut wurden, zeigen Einflüsse von Renaissancebauten. Hierzu gehört die 1880–1881 von Christian Friedrich von Leins errichtete Synagoge in Göppingen. Ein ähnlicher Zentralbau wurde 1884 in Ludwigsburg eingeweiht, bei dem sich jedoch eine überwiegende Orientierung an romanischen Stilelementen, aber auch an maurischen Formen (Apsis des Toraschreines) feststellen läßt.

Neubarocker Stil (Abb. 35–37)

Die neue Synagoge in Rastatt wurde 1905/06 von Ludwig Levy aus Karlsruhe im neubarocken Stil erbaut. Damit beschritt der Architekt, der zuvor auch die Synagogen in Baden-Baden, Pforzheim und anderen Orten erbaut hatte, neue Wege. Ein in Kupfer gekleideter Turm überragte die Rastatter Synagoge. Das Portal war mit Pilastern und einem Sprenggiebel versehen. Im Innern fanden sich ein gewaltiger, aus weißem Sandstein gehauener Aron Hakodesch und eine in barocken Formen gehaltene Empore. 1931 wurde das fünfundzwanzigjährige Bestehen der Synagoge gefeiert, 1938 wurde sie niedergebrannt und auf Kosten der jüdischen Gemeinde abgebrochen. Erhalten blieb das daneben stehende Wohnhaus des Rabbiners, das noch einen kleinen Eindruck von Ludwig Levys Architektur vermittelt.
An eine Barockkirche erinnerte auch die Doppelturmfassade der 1907 fertiggestellten Synagoge in Künzelsau, wenngleich die beiden Türme mit den Kuppeln in Zwiebelform sehr niedrig gehalten waren und kaum den Dachfirst überragten. Die Synagoge war nach Plänen des Oberamtsbaumeisters Ganzenmüller entworfen worden.

31 Die ehemalige Synagoge in (Creglingen-) Archshofen wird zur Zeit als Feuerwehrgerätehaus und als Vereinshaus genutzt.

◁ 29 Synagoge in (Creglingen-)Archshofen, 1796 erbaut, 1865 und 1912 umgebaut, 1938 beschädigt.

◁ 30 Ehemalige Synagoge in Ladenburg, 1832 eingeweiht, 1938 zerstört. Das Foto zeigt den Zustand der Synagogenruine vor dem Abbruch 1967.

Übernahme ehemaliger Kirchengebäude und anderer Gebäude

Im 19. Jahrhundert wurden zur Einrichtung von Synagogen in etlichen Fällen auch bereits bestehende Gebäude übernommen, teilweise leerstehende Kapellen und Kirchen. In Baden standen nach der Vereinigung der lutherischen und reformierten Kirchen zur evangelischen Landeskirche 1821 viele Kirchengebäude zum Verkauf frei.

In Schriesheim (Rhein-Neckar-Kreis) hatte das jüdische Gemeindeglied Simon Oppenheimer 1840 die ehemalige lutherische Kirche samt dem Pfarrhaus erworben. Oppenheimer trat den östlichen Teil des einstigen Kirchenraums an die jüdische Gemeinde ab, die hierin 1842/43 eine neue Synagoge einrichten konnte. Im November 1938 wurde sie demoliert und ausgeplündert. Bücher, Akten, Teppiche und andere Gegenstände wurden von jungen Nazis mit Handwagen zum Rathausplatz gebracht und dort verbrannt. Nach 1954 zog in einen Teil des Baus die neuapostolische Gemeinde ein, bis diese eine eigene Kirche erbaute. Inzwischen ist das Gebäude zu einem Wohn- und Geschäftshaus umgebaut worden.

In (Weinheim-)Lützelsachsen war die lutherische Kirche 1811 aus Steinen der abgebrochenen Weinheimer Deutschordenskapelle erbaut worden. Bereits zehn Jahre später war sie überflüssig geworden. Zunächst erwarb ein Privatmann die Kirche und baute sie zu einem Wohnhaus um. Von ihm kaufte 1840 die jüdische Gemeinde Lützelsachsens das Gebäude und richtete in ihm eine Synagoge ein. An der Außenfassade befand sich eine noch von der Deutschordenskapelle stammende Darstellung des »Lamm Gottes«. Es wurde auch nach dem Umbau der Kirche zur Synagoge nicht entfernt und befindet sich noch heute an dem 1938 verkauften Gebäude, das wieder zu einem Wohnhaus umgebaut worden ist.

In Walldorf (Rhein-Neckar-Kreis) kaufte die jüdische Gemeinde 1861 die bisherige reformierte Kirche und richtete in ihr eine Synagoge ein. Über dem Eingangsportal stand in Hebräisch und Deutsch bereits zu Kirchenzeiten der Vers aus Gen. 28,7: »Dieses ist nichts anderes als ein Gotteshaus und die Pforte des Himmels.« Bei der Einweihungsfeier bezog sich Rabbiner Salomon Fürst aus Heidelberg in seiner Festpredigt auf diesen Stein: »Wie alles auf Erden dem Wechsel unterworfen ist, so war es auch die Bestimmung dieses Hauses. Als evangelische Kirche wurde es erbaut, bestimmt und eingeweiht. Dieses Haus war nichts anderes als ein Gotteshaus und die Himmelspforte. Oder wie? Sollte der Israelit dieses Haus, als es noch eine Kirche war, nicht als ein Gotteshaus betrachtet haben, weil unser aller Vater auf eine andere Weise darin verehrt wurde, wie Israel ihn in der Synagoge verehrt? Dies Haus war als Kirche nichts anderes als ein Gotteshaus und die Himmelspforte, worin Gott der Vater aller Menschenkinder verehrt und zu ihm gefleht wurde. Es gereicht der hiesigen israelitischen Gemeinde zur Ehre, daß sie dieses Haus, früher ein Gotteshaus, eine Himmelspforte, als nunmehr ihr Gotteshaus und ihre Himmelspforte erworben. Dieses Haus ist auch jetzt nichts anderes als ein Gotteshaus. Die so zahlreiche Anteilnahme ehrenwerter Nichtisraeliten an der Feier dieser Synagogenweihe bezeugt auf die herrlichste und erfreulichste Weise, daß sie alle in der Synagoge nichts anderes als eine Himmelspforte erkennen.« 77 Jahre nach dieser eindrücklichen Rede herrschte von seiten der Deutschen wieder die Intoleranz: Das Gebäude wurde 1938 demoliert, die Hakenkreuzflagge auf ihm gehißt. 1954 konnte die ehemalige evangelische Kirche und inzwischen auch ehemalige Synagoge wieder kultischen Zwecken zugeführt werden und dient inzwischen der neuapostolischen Gemeinde als Gotteshaus. Die vorbeiführende Straße trägt die Bezeichnung »Synagogenstraße«, nachdem sie im Dritten Reich »Straße der SA« hieß.

In Sandhausen (Rhein-Neckar-Kreis) kaufte die jüdische Gemeinde 1867 die ehemalige reformierte Kirche. Bis zum Verkauf des Gebäudes 1938 an die bürgerliche Gemeinde diente die ehemalige Kirche als Synagoge. Danach wurde sie als Lagerraum genutzt und zerfiel immer mehr. Nur dank des Widerstands der Denkmalpflege wurde das Gebäude nicht abgebrochen. 1959 verlangte die Gesellschaft für christlich-jüdische Zusammenarbeit die Instandsetzung des Gebäudes. Die Gemeinde Sandhausen schloß sich dem Vorschlag mit einer gründlichen Restaurierung in den Jahren 1960–1962 an. Seitdem wird die ehemalige Kirche/Synagoge für Einrichtungen der Gemeindeverwaltung genutzt. Ein großer Gedenkstein erinnert auf dem Vorplatz an die jüdische Gemeinde und ihre Synagoge.

Auch eine mittelalterliche Kapelle diente eine Zeitlang als Synagoge. 1845 kaufte die jüdische Gemeinde in (Bruchsal-)Obergrombach eine aus dem 14. Jahrhundert stammende Schloßkapelle und richtete in ihr eine Synagoge ein. Beim Umbau wurde der Chorraum abgebrochen. Als sich die jüdische Gemeinde um 1888 in Obergrombach auflöste, erwarb Freiherr von Bohlen und Halbach wieder das Gebäude und baute es zu einer bis heute erhaltenen evangelischen Kirche aus.

Auch andere Gebäude mit entsprechenden baulichen Voraussetzungen wurden an einigen Orten zu Synagogen umgebaut. In Offenburg wurde 1875 eine Synagoge im ehemaligen Gasthaus »Salmen« eingerichtet; in Öhringen kaufte die jüdische Ge-

33 Synagoge in Karlsruhe, Kronenstraße, 1873–1875 erbaut, 1938 zerstört. ▷

32 Synagoge in Gernsbach, 1928 erbaut, 1938 zerstört.

meinde 1888 den Gasthof »Zur Sonne« und baute ihn zur Synagoge um. An beiden Orten dienten die Gebäude bis zu ihrer Demolierung 1938 als jüdisches Gotteshaus. An zahlreichen anderen Orten wurden im 19. Jahrhundert provisorische Betsäle in Gasthäusern gemietet, die dann beim Bau einer Synagoge wieder aufgegeben wurden. In Schwäbisch Gmünd hatte die jüdische Gemeinde lange keine dauerhafte Lösung für einen Betsaal gefunden. 1925 bot sich ihr die Gelegenheit, ein stillgelegtes Fabrikgebäude zu erwerben, das sich für den Umbau zur Synagoge eignete. Im Mai 1926 konnte sie feierlich eingeweiht werden.

20. Jahrhundert

Bis 1933 (Abb. 38)

In den ersten drei Jahrzehnten des 20. Jahrhunderts ging die Zahl der Synagogen insgesamt zurück, da etliche Landgemeinden aufgelöst und ihre Synagogen geschlossen wurden. In den zwanziger Jahren konnten nochmals wenige neue Synagogen erbaut (Schwäbisch Gmünd 1926, Gernsbach 1928) oder Betsäle eingerichtet werden (Ellwangen 1926). Andere wurden vergrößert und umgebaut (z. B. Emmendingen 1922/23, Freiburg 1925/26); zahlreiche Synagogen und Betsäle in Stadt- und Landgemeinden wurden gründlich renoviert.
Einige der Synagogen erhielten beim Umbau ein modernes Aussehen. Insbesondere ist die Klaus-Synagoge in Mannheim zu nennen, die 1929/30 nach den Gesichtspunkten der Neuen Sachlichkeit umgestaltet wurde. Der maurische Stil gefiel nicht mehr, Architekt Siegfried Seidemann schuf mit dem Umbau ein modernes und geräumiges Gebäude. Die Einweihung fand am 6. März 1930 statt.
In Bruchsal wurde bei den Renovierungsarbeiten 1927/28 der gesamte Innenraum von dem Ulmer

Maler Leo Kahn ausgemalt, ein nach einem zeitgenössischen Urteil »unerhörtes Unternehmen«, das viel Beachtung fand.

Als 1930 in Stuttgart eine Ausstellung kirchlicher Kunst der Gegenwart stattfand, formulierte der Architekt Ernst Guggenheimer zur Synagogenarchitektur dieser Zeit: »Um die Gestaltung des Synagogenbaues war es in vergangenen Zeiten schlecht bestellt. Aber der tote Punkt ist überwunden, denn der immer größer werdende Kreis der Verstehenden weiß, daß nicht die Pracht des Innenraumes, nicht die Wucht der Fassade mit maurischer Kuppel, dem Wesen des jüdischen Kultus gerecht wird. Die Synagoge wird heute im Grundplan als Neubeseelung der Jahrhunderte alten Überlieferung sich an nichts anderes halten können, als an die heilige Lade und den Tisch, an dem die Gesetze vorgelesen werden. Diese beiden sind die natürlichen Brennpunkte, von denen die Baugestaltung ihren Ausgang nimmt. Die Bundeslade an der Ostwand – ihr beigegeben die rituellen Lichter, der oder die siebenarmigen Leuchter, die ewige Lampe, die Totenlichter. Der Vorlesepult in der Mitte des Raumes. Um ihn sammeln sich die Sitzreihen. Jeder Anwesende hat gleichen Anteil am Inbegriff des jüdischen Gottesdienstes, dem Vorlesen der Heiligen Schrift... Die Gottesverehrung und die Selbstbesinnung brauchen keine Pracht, sondern verlangen Schlichtheit. Und so verknüpfen sich die Begriffe der heutigen Zeit sehr wohl mit der jüdischen Vergangenheit hinsichtlich bescheidener dekorativer Ausgestaltung. Zierat und Allegorien werden Hilfsmittel untergeordneter Art bleiben. Überall regen sich die Geister, um neue jüdische Andachtsstätten in diesem Sinne zu erstellen.«

Die Jahre von 1933 bis 1945 (Abb. 39–44)

Die Machtergreifung der Nationalsozialisten brachte bald auch erste Konsequenzen für das gottesdienstliche Leben zahlreicher Gemeinden mit sich. In Schwetzingen, wo die jüdische Gemeinde ihren Betsaal im Schloß hatte, mußte Ende Juli 1933 der Betsaal geräumt werden. Von da an konnten Gottesdienste nur noch in jüdischen Privathäusern gefeiert werden. In Ellwangen hatte die dortige

34 Synagoge in Bruchsal, 1881/82 erbaut, 1938 zerstört.

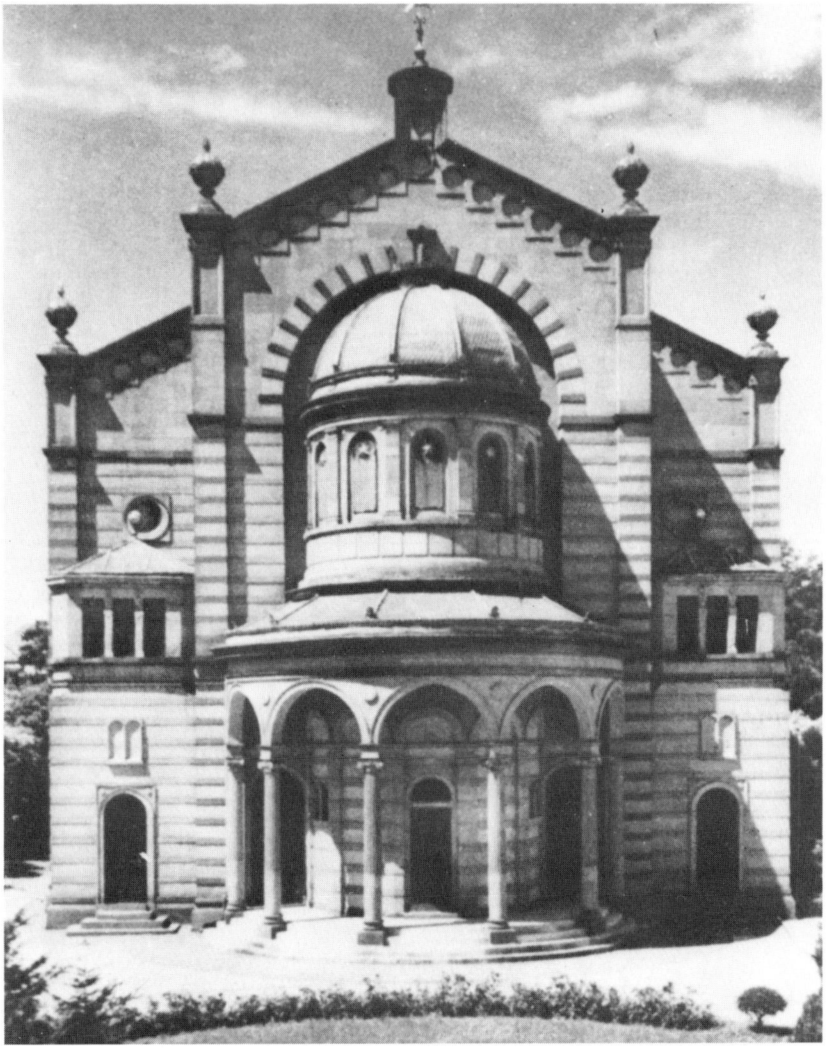

Gemeinde 1926 einen Betsaal im Erdgeschoß des Kammergebäudes feierlich einweihen können. Am 8. April 1933 beanspruchte die NSDAP diesen Raum für BDM- und Hitlerjugendversammlungen. Aufgrund eines Gemeinderatsbeschlusses wurde kurz darauf der Betsaal wegen angeblichen Nichtbezahlens der Miete gekündigt.
Die geplanten Bauvorhaben neuer Synagogen in Grünsfeld, Horb und Singen mußten aufgegeben werden. In Grünsfeld und Horb waren die Bauplätze dafür bereits vorhanden gewesen, in Singen hatte man bereits einige Jahre in einem Synagogenbaufonds Spenden gesammelt.
Zu ersten Demolierungen kam es im Zusammenhang mit zahlreichen, bereits 1933 durchgeführten Durchsuchungen der Synagogen. In Mannheim wurde noch im gleichen Jahr die Klaus-Synagoge nach Waffen durchsucht, die Hauptsynagoge wurde bei einer ähnlichen Durchsuchungsaktion von SA-Leuten demoliert und schwer beschädigt. Im Mai 1934 wurde in Schwäbisch Gmünd die erst acht Jahre zuvor feierlich eingeweihte Synagoge erstmals schwer geschändet und die gesamte Inneneinrichtung zerschlagen. Sie wurde nochmals hergerichtet, um dann im November 1938 endgültig zerstört zu werden. Im Juni 1935 wurde ein Kulturabend in der Hechinger Synagoge von einigen hundert Mitgliedern der HJ und des BDM durch Sprechchöre so gestört, daß die Veranstaltung abgebrochen werden mußte. 1935 wurden auch Übergriffe auf die Synagoge in Bühl gemeldet. Zu einer ersten Brandstiftung in einer Synagoge kam es am 1. November 1936 in Konstanz. Unbekannte Täter drangen nachts in das Gebäude ein, rissen die Torarollen heraus, sammelten die Gebetbücher, übergossen sie mit Benzin und steckten sie in Brand. Durch einen aufmerksamen Nachbarn, der den Brand bemerkte und die Feuerwehr informierte, konnte ein Abbrennen des Gebäudes verhindert werden. Die verbrannten Torarollen wurden auf dem jüdischen Friedhof beigesetzt. Ein Denkmal erinnert hier bis heute an den Synagogenbrand. Die Synagoge wurde renoviert und am 22. Juli 1937 wieder eingeweiht. Im November 1937 wurden in Ludwigsburg 15 große Bleiglasfenster mit insgesamt 86 Scheiben am Synagogengebäude eingeschlagen.

35 Synagoge in Rastatt, 1905/06 erbaut, 1938 zerstört.

Die Reichspogromnacht am 9./10. November 1938 bedeutete das Ende fast aller bis dahin noch benutzten Synagogen. Den Vorwand zu den Ausschreitungen bot das Attentat des jüdischen Jugendlichen Herschl Grünspan auf den Sekretär der deutschen Botschaft in Paris von Rath. Grünspan gehörte einer aus Deutschland vertriebenen polnisch-jüdischen Familie an. Die Pogromnacht war allerdings schon lange geplant gewesen; der Mord an von Rath bot eine gute Gelegenheit zur Durchführung des Pogroms. Diese Nacht wurde zu einer der schwärzesten und beschämendsten der deutschen Geschichte, wenngleich ihre Wurzeln weit zurückreichen. Bereits Martin Luther hatte in seiner späten Schrift »Von den Juden und ihren Lügen« (1543), die eine höchst bedauerliche Entgleisung des Reformators darstellt, der Obrigkeit geraten, die Synagogen als »Lehrhäuser der Lüge« zu verbrennen. Nur wenige haben in der Kirche widersprochen.

In Baden, Württemberg und Hohenzollern wurden in der Reichspogromnacht fast alle der bis dahin benutzten Synagogen und Betsäle heimgesucht. Von 151 Gebäuden wurden 60 niedergebrannt, völlig zerstört und kurz darauf beseitigt, 77 sind schwer demoliert bzw. geplündert worden. Nur 14 Synagogen bzw. Betsälen ist nichts geschehen, in einigen wenigen Fällen aufgrund des Widerstandes der Bevölkerung. Zum Beispiel konnte in (Heilbronn-)Sontheim ein örtlicher Kohlenhändler mit seinem Sohn die maskierten Eindringlinge aus der Synagoge vertreiben. An einigen Orten wurden die Synagogen erst in der Nacht vom 10. auf den 11. November demoliert (z. B. Münsingen-Buttenhausen, wo in der ersten Nacht der Bürgermeister des Ortes noch erfolgreich eine Inbrandsetzung verhindern konnte oder in Talheim, wo eine SA-Truppe erst in dieser Nacht erschien).

36 Synagoge in Rastatt, Innenansicht.

37 Synagoge in Künzelsau, 1907 eingeweiht, 1938 zerstört.

38 Klaus-Synagoge in Mannheim nach dem Umbau von 1929/30.

39 Brennende Synagoge in Heidelberg, 10. November 1938.

Überall liefen die Aktionen nach ähnlichen Mustern ab. Wo es unter Rücksichtnahme auf die Umgebung der Synagogen möglich war, diese anzuzünden, wurde dies gemacht. In vielen Fällen wurde die Feuerwehr herbeigerufen, um die Nachbargebäude zu schützen. Bei Demolierungsaktionen wurden vielerorts die zerschlagene Synagogeneinrichtung, die Torarollen und anderes Inventar auf Haufen zusammengetragen und öffentlich verbrannt (u. a. in Mosbach, Öhringen, Offenburg, Schwäbisch Hall, Tauberbischofsheim). An anderen Orten reichte hierfür auch ein Sportplatz (Freu-

dental) oder ein naher Garten bei der Synagoge aus (Bretten, Rottenburg-Baisingen).
Die sonstigen unzähligen grausamen Vorfälle im Zusammenhang mit der Pogromnacht können hier nur angedeutet werden. Auf brutale Weise wurden jüdische Mitbürger an vielen Orten mißhandelt, in mehreren Fällen umgebracht. Jüdische Geschäfte und Wohnhäuser wurden zu Tausenden demoliert. Viele männliche Juden unter 60 Jahren wurden für Wochen und Monate nach Dachau in das dortige Konzentrationslager gebracht.
In den zwei bis drei Jahren zwischen der Pogromnacht und dem Beginn der Deportationen fanden die Gottesdienste der verbliebenen jüdischen Bewohner überwiegend noch in Privathäusern statt. In den Großgemeinden Mannheim, Heidelberg, Stuttgart und Freiburg waren jeweils die orthodoxen jüdischen Betsäle nicht so stark zerstört worden, so daß sie wieder notdürftig für Gottesdienste hergerichtet werden konnten. In Karlsruhe wurden die früheren Sitzungsräume des Gemeindehauses in der Herrenstraße für Gottesdienste hergerichtet. Ab 1940 beendeten die verschiedenen Deportationswellen auch den Rest dieses religiösen Lebens.

Seit 1945 (Abb. 45, 46)

Nach 1945 kamen aus den Konzentrationslagern nur wenige Überlebende der alten badischen und württembergischen Gemeinden in ihre Heimatorte zurück. Die meisten waren umgebracht worden. Diejenigen, die rechtzeitig ausgewandert waren, wollten nach den grausamen Ereignissen bis auf

40 Brennende Synagoge in Kuppenheim, 10. November 1938.

41 Brennende Synagoge in Gernsbach, 10. November 1938.

wenige Ausnahmen nicht nach Deutschland zurückkehren. Hier befanden sich freilich unter dem Schutz der alliierten Siegermächte Tausende sogenannter »Displaced Persons«, überwiegend befreite jüdische Lagerhäftlinge, die ursprünglich aus Polen und anderen östlichen Ländern stammten. Die meisten von ihnen wollten nach Palästina/Israel auswandern. Ein Teil davon blieb in Deutschland. Bereits 1945 konnten einige provisorische Betsäle eingerichtet werden. In diesem Jahr noch wurden jüdische Gemeinden in Stuttgart, Mannheim, Freiburg, Karlsruhe und Heidelberg wiederbegründet. In Stuttgart wurde am 10. Juli 1945 in der Reinsburgstr. 26 die Israelitische Kultusvereinigung von Württemberg und Hohenzollern gegründet. Sie hatte in diesem Haus ihren Betsaal. Von 1948 an wurde ein Synagogenbau geplant, der 1951/52 am alten Synagogenplatz verwirklicht werden konnte. Die Einweihung fand am 13. Mai 1952 statt. Archi-

42 Verbrennen des Synagogeninventars in Mosbach, 10. November 1938.

43 Verbrennen des Synagogeninventars in Tiengen, 10. November 1938.

tekt Ernst Guggenheimer hatte die Baupläne entworfen: Äußerlich ein schlichter, kubischer Baukörper; im Innern überrascht ein heller, würdevoller Kultraum. Die Stuttgarter Synagoge ist die einzige für die im Gebiet Württembergs und Hohenzollerns heute lebenden jüdischen Mitbürger (ca. 700–750) geblieben. Nur in Ulm konnte 1958 ein Versammlungsraum für jüdische Gemeindeglieder aus Ulm und Neu-Ulm eingerichtet werden, in dem von Zeit zu Zeit Gottesdienste abgehalten wurden. 1986/87 wurden umfassende Restaurierungen in der Stuttgarter Synagoge und dem angrenzenden Gemeindezentrum vorgenommen.

Auch die Mannheimer jüdische Gemeinde wurde 1945 wiederbegründet. Sie hatte von 1946 bis 1957 einen provisorischen Betsaal im ehemaligen jüdischen Waisenhaus in R 7,24, danach eine kleine Synagoge in der Maximilianstr. 6. 1964 wurde das Gemeindezentrum um einen großen Saal für festliche Veranstaltungen erweitert. 1985–1987 wurde

44 Abbruch der Synagoge in Ulm Ende 1938.

45 Neue Synagoge und Gemeindezentrum der Israelitischen Religionsgemeinschaft Württemberg in Stuttgart, 1951/52 in Stuttgart am Platz der 1938 zerstörten Synagoge erbaut.

ein neues Gemeindezentrum mit Synagoge im Quadrat F 3 erbaut (Einweihung im September 1987).

In Freiburg fand am 7. September 1945 zum ersten Mal nach fünf Jahren wieder ein jüdischer Gottesdienst statt. Hierfür hatte die Stadt den Kaufhaussaal zur Verfügung gestellt. Ende 1945 konstituierte sich eine jüdische Gemeinde in Freiburg, die die zunächst umfassendere Bezeichnung »Israelitische Landesgemeinde Südbaden« führte. Von 1953 an befanden sich in der Holbeinstr. 25 wieder ein Betsaal und die Gemeindeverwaltung. 1985–1987 wurde ein neues Gemeindezentrum mit Synagoge Ecke Nußmannstr./Engelstr. unter den Architekten Hermann Backhaus und Wolf Brosinsky erbaut. In den Neubau sind zwei eichene Türflügel integriert, die aus der 1938 abgebrannten Synagoge gerettet wurden.

Ende 1945 wurde auch in Karlsruhe in der Herrenstraße wieder ein Betsaal eingerichtet. Es war der Betsaal, der nach der Pogromnacht 1938 im Haus der ehemaligen orthodoxen jüdischen Gemeinde eingerichtet und bis 1940 benutzt werden konnte. 1969–1971 entstand in der Knielinger Allee nach Plänen des Architekten Wolf Brosinsky eine neue Synagoge mit Gemeindezentrum. Die Synagoge hat einen sechseckigen Grundriß, der sich im Dach symbolhaft zum Davidstern verjüngt. Am 4. Juli

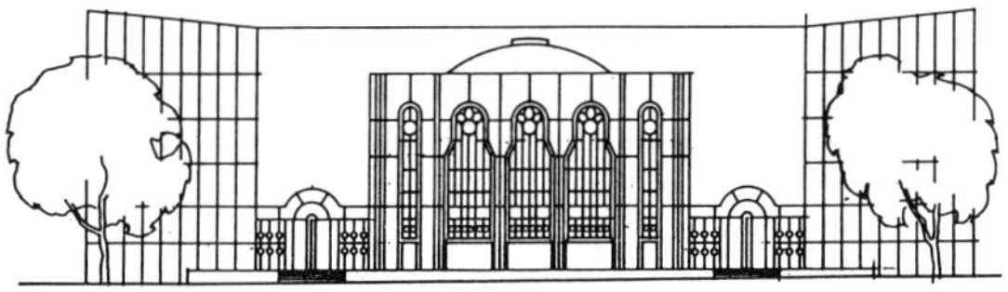

1971 wurde das Gebäude feierlich eingeweiht. In Karlsruhe ist auch der Sitz des Oberrates der Israeliten Badens, dessen Präsident seit 1961 Werner Nachmann ist. Im Bereich des Oberrates der Israeliten Badens leben derzeit ca. 1350 Juden.

46 Neues Jüdisches Gemeindezentrum in Mannheim. Stand der Bauarbeiten im Apriil 1987 und Architekturzeichnung (links).

Auch in Heidelberg konnte nach Kriegsende wieder eine jüdische Gemeinde aufleben. Sie war zunächst in der Häuserstraße untergebracht, bis 1958 ein Betsaal in der Rohrbacher Str. 18 eingeweiht werden konnte. Seit 1986 wird ein neues Gemeindezentrum mit Synagoge nach Plänen des Architekten Hansjörg Schröder in der Weststadt (Blumenstraße) erbaut. Vorübergehend wurde 1987 eine Synagoge in der Sophienstr. 9 eingerichtet.

Eine kleine jüdische Gemeinde entstand 1956 wieder in Baden-Baden. Für ihre Gottesdienste konnte sie einen Betsaal in der Werderstr. 2 einrichten. Zu einem Synagogenneubau, der in den sechziger Jahren in der Friedrichstraße geplant war, kam es nicht. Die Gemeinde hat dafür derzeit nicht genügend Mitglieder.

In Konstanz wurde in dem am Platz der 1938 zerstörten Synagoge erbauten Geschäftshaus in der Sigismundstr. 19 ein Betsaal eingerichtet. Im Dezember 1964 konnte nach 26 Jahren wieder ein erster jüdischer Gottesdienst in Konstanz gefeiert werden; jahrelang waren die Gottesdienste im benachbarten Kreuzlingen/Schweiz besucht worden. Derzeit werden auch in Konstanz Überlegungen zum Bau einer neuen Synagoge angestellt. Die jüdischen Gemeindeglieder aus Konstanz bilden mit den Freiburgern eine gemeinsame Gemeinde.

Allgemeine und bauliche Besonderheiten der Synagoge

Seit wann Synagogen in Gebrauch kamen, läßt sich nicht genau bestimmen. Vermutlich geht ihr Ursprung auf die Zeit des sogenannten Babylonischen Exils (6. Jh. v. d. Z.) zurück. Der Begriff »Synagoge« ist sehr alt: In der griechischen Bibelübersetzung (Septuaginta) meint er zunächst dasselbe wie der hebräische Begriff für »Gemeinde«. Später bezeichnet das Wort den Versammlungsort einer Gemeinde (hebräisch: Bet ha-Knesset). In der Bibel ist auch einmal von einem »Haus des Volkes« (Jer. 39,8) und von einem »Haus des Gebetes« (Jes. 56,7) die Rede, beide Bezeichnungen drücken den Charakter des Hauses aus, das schon in früher Zeit Gotteshaus, Lehr- und Versammlungsort einer jüdischen Gemeinde war. Im Mittelalter war der Begriff »Schule« für die »Synagoge« verbreitet, Martin Luther prägte den Begriff der »Judenschule« als Übersetzung von »Synagoge«.

Von Synagogengebäuden erfährt man Näheres erst im 3. Jahrhundert v. d. Z. aus Ägypten, wo damals bereits zahlreiche Synagogen bestanden haben. In Palästina lassen sich Synagogen seit dem 1. Jahrhundert n. d. Z. nachweisen. Zahlreiche, architektonisch unterschiedliche Bauten wurden in den letzten Jahren bei archäologischen Ausgrabungen entdeckt. Zur Zeit der Mischna (2. Jh. n. d. Z.) wird das Vorhandensein von Synagogen als selbstverständlich vorausgesetzt; so wird einem Gelehrten empfohlen, sich an einem Ort ohne Synagoge nicht niederzulassen (b. Sanh. 17b).

Fast immer standen die Synagogen unter staatlichem Schutz und waren unverletzlich. Schon im römischen Reich wurden zum Dank dafür Synagogen auch nach dem Namen des römischen Kaisers benannt. Dieser Schutz ist freilich oft mißachtet worden: Schon 388 wurde von Christen in der Stadt Kallinikon die Synagoge niedergebrannt, ganz zu schweigen von den unzähligen Übergriffen im späten Mittelalter und zur Zeit der nationalsozialistischen Gewaltherrschaft.

Die Synagogen galten als »Heiligtümer im Kleinen« und orientierten sich in manchen Vorschriften an biblischen Weisungen für den Jerusalemer Tempel. Allerdings wollte man auch nach der Zerstörung des Tempels durch die Römer (70 n. d. Z.) damit nie einen Ersatz für den Tempel schaffen. Die prophetische Verheißung der Wiedererrichtung des Tempels in messianischer Zeit ist zentrale Hoffnung durch alle Jahrhunderte geblieben.

Als Haus, in dem das Gebet und die Belehrung eine zentrale Rolle spielen, wurde die Synagoge trotz aller auseinandergehenden Entwicklungen auch das geistige Vorbild sowohl der christlichen Kirche als auch der islamischen Moschee.

Schon zu antiken Zeiten war die Synagoge auch häufig das soziale Zentrum einer Gemeinde. Sie diente der Gemeindeverwaltung, Hochzeits- und Beerdigungsfeiern, der Vollziehung von Rechtsakten oder als Herberge für Durchreisende.

Für Gebet und Gottesdienst brauchte man nicht unbedingt ein ganzes, selbständiges Gebäude, es genügte ein einziger Raum. Oft verwendete man dazu Privathäuser, in denen ein Raum für diesen Zweck eingerichtet wurde.

Tafel 1a Ehemaliger Betsaal in (Schwäbisch Hall-)Unterlimpurg, 1738–1739 von Elieser Sussmann ausgemalt. Auf den Wänden finden sich Texte bekannter gottesdienstlicher Gebete, Sprüche zum Almosenspenden, verschiedene Psalmen- und Prophetenzitate, eine Darstellung des heiligen Jerusulem sowie zahlreiche pflanzliche Ornamente und Tiere. Auch der Toraschrein und die Abschrankung des Frauenabteils sind bemalt.

Tafel 1b Ehemalige Synagoge in Rottweil, 1861 eingerichtet, 1938 demoliert. 1979–1981 wurden die Malereien an Wänden, Decken und Kapitellen freigelegt. An der Ostwand befindet sich eine Vorhangdarstellung in Schablonentechnik, in der südlichen Achse eine stilisierte Palme und Vögel.

◁ Tafel 2a Innenansicht der ehemaligen Synagoge in (Wallhausen-)Michelbach an der Lücke nach Abschluß der Restaurierungsarbeiten 1984

Tafel 2b Innenansicht der ehemaligen Synagoge in Sulzburg nach Abschluß der Restaurierungsarbeiten 1987

Tafel 3b Ausschnitt aus ▷
der Kassettendecke des
Betsaales in Bad Buchau.
Ein Teil der Decke läßt
sich herunterklappen,
wohl um am Laubhütten-
fest die Sukka im Betsaal
aufbauen zu können.

Tafel 3a Blick über die
Frauenempore der restau-
rierten ehemaligen Syn-
agoge in Hemsbach; einen
Stock tiefer beteten die
Männer.

◁ Tafel 4 Kuppel der ehemaligen Synagoge in Hechingen; der mit Sternen übersäte Himmel erinnert an die Gottesverheißung an Abraham, seine Nachkommen zahlreich wie die Sterne am Himmel werden zu lassen; die zwölf Segmente der Decke stehen symbolisch für die zwölf Stämme Israels.

Nach später rabbinischer Tradition sollte die Synagoge an der höchsten Stelle eines Ortes liegen. Dieser Brauch ließ sich in der Praxis freilich meist nicht durchführen. In einigen Gemeinden half man sich mit hohen Stangen auf dem Dachfirst (z. B. in Freudental), um damit wenigstens die benachbarten Gebäude überragen zu können. Einfache Betsäle wurden in den Dachgeschossen von Häusern eingerichtet, darüber sollte niemand mehr wohnen. Häufig legte man den Fußboden gegenüber dem Straßenniveau tiefer, um auch dadurch eine Vergrößerung des Innenraumes der Höhe nach erreichen zu können. Später gab man diesem Merkmal eine mystische Erklärung, die von der Psalmstelle »Aus der Tiefe rufe ich Dich« (Psalm 130,1) hergeleitet wurde.

Zur Gebetsrichtung bildete sich allgemein der Brauch aus, nach dem Vorbild Daniels (Dan. 6,11) in Richtung Jerusalem zu beten. So wurde der Eingang zur Synagoge gewöhnlich auch an die Westseite gelegt, der Toraschrein erhielt seinen Platz im Osten, also an der Jerusalem zugewandten Seite. Die christliche Kirche hat diesen Brauch übernommen und ihre Kultgebäude nach Osten ausgerichtet. Die Ostseite war traditionell mit Fenstern versehen, damit die Morgensonne in den Raum scheinen konnte. Als in (Hirschberg-)Leutershausen ein Nachbar sein Haus aufstockte und damit der Synagoge das Morgenlicht wegnahm, prozessierte die jüdische Gemeinde gegen diesen Nachbarn. Da der Prozeß für sie nachteilig ausging, entschloß sie sich, eine neue Synagoge zu erbauen (1867).

Im babylonischen Talmud findet sich die Forderung der Trennung von Frauen- und Männerreihen. Schon in der Synagoge von Kapernaum stand den Frauen eine von Säulen getragene Galerie zu. Für das Mittelalter läßt sich eine Frauensynagoge in Ulm (auch in Worms, Speyer, Prag, Krakau) nachweisen. Vermutlich war auch in Ulm ursprünglich ein Gemeinschaftsbau mit abgetrennten Plätzen vorhanden; bei einer Vergrößerung wurde durch einen Anbau die Frauensynagoge ergänzt. In Wiesloch war bis 1837 eine getrennte »Männerschule« und eine »Weiberschule« in zwei verschiedenen Gebäuden vorhanden. Gewöhnlich war jedoch in einfachen Betsälen eine Abschrankung für den Frauenteil (vgl. Synagoge in Schwäbisch Hall-Unterlimpurg), in Synagogengebäuden eine Frauenempore vorhanden (in christlichen Dorfkirchen bildeten sich ganz ähnliche Traditionen heraus: in evangelischen Kirchen waren die Männer auf der Empore, in katholischen Kirchen bildete der Mittelgang oft die Trennungslinie zwischen Frauen (links) und Männern (rechts)).

Der Synagogenvorraum hatte ein Becken zum Händewaschen. Hier hielten sich nach dem Gebrauch vieler jüdischer Gemeinden die Trauernden auf, ehe sie am Eingang des Sabbats in die Synagoge eingelassen wurden. Hier wurde auch ein Kind zurechtgemacht, ehe es zur Beschneidung in die Synagoge gebracht wurde.

Zur Inneneinrichtung gehörte in ältester Zeit nichts weiter als ein Schrein für die heiligen Schriften. Dieser Schrein war aus Holz gefertigt und ähnelte ursprünglich einer antiken Büchertruhe. Im Laufe der Zeit wurde der Schrein, der nach der biblischen Bundeslade »Aron Hakodesch« (»Heilige Lade«) genannt wurde, immer als Prunkstück der Synagoge ausgestaltet. Schon äußerlich zeigte eine Apsis den Standort des Toraschreines an; analog zum Tempel repräsentiert er das Allerheiligste, worauf auch der Toravorhang (Parochet) hinweist. Vielfach fanden rechts und links des Schreines die Motive der beiden Tempelsäulen Jachin und Boas Verwendung.

Während des Gottesdienstes wird der Toraschrein geöffnet, die Torarollen werden herausgenommen. Nach diesem »Ausheben« werden diese im Umzug an das Vorlesepult, den Almemor, getragen. Der Almemor stand in den traditionellen Synagogen, vor allem den Landgemeinden, in der Mitte des Raumes. Zu ihm führen meist einige Stufen hinauf, so daß er eine erhöhte Estrade darstellt, an deren Ostseite das Lesepult (Schulchan) steht. Von hier wird der Toraabschnitt verlesen.

Zu den notwendigen Einrichtungsgegenständen gehören auch Lampen und Leuchter. Traditionell brennen zwei Kerzen am Vorbeterpult sowie das »Ewige Licht« (Ner Tamid), das schon im Stiftszelt Moses (Lev. 24,3–3) angebracht war. Die katholische Kirche hat dies von der Synagoge übernommen. Oft gibt es in der Synagoge siebenarmige Leuchter.

Eine Synagoge erhält ihre Weihe nur durch die Verwendung für den Gottesdienst, für den zehn religionsmündige männliche Personen anwesend sein müssen. Für eine Versammlung, die dieser Bedingung genügt, dient als Bezeichnung das Wort »Minjan«.

Zu den bis heute an etlichen Orten erhaltenen Besonderheiten eines Synagogenbaus gehören Inschriften über den Eingängen, die bisweilen das einzige äußere Merkmal einer ehemaligen Synagoge darstellen. Die Tradition der Portalinschrift reicht in das Altertum zurück. Bei 1985/86 vorgenommenen Ausgrabungen der Synagoge in Meron (Maros) im oberen östlichen Galiläa fand man eine 160 cm lange Inschrift mit dem (hebräischen) Text: »Gesegnet seist du bei deinem Kommen und gesegnet bei deinem Weggehen« (Dtn. 28,6). Die Synagoge bestand um 200 n. d. Z. Dieselbe Inschrift findet sich bis heute auf dem Türsturz der ehemaligen Synagoge in Massenbachhausen (Lkr. Heilbronn), die 1826/27 erbaut worden ist. Die Inschriften sollten häufig an die Heiligkeit des Ortes erinnern, wobei die folgenden biblischen Texte besonders oft vorkommen: »Wie ehrfurchtgebietend ist dieser Ort! Hier ist nichts anderes denn Gottes Haus und hier ist die Pforte des Himmels« (Gen. 28,17, z. B. in Bopfingen-Oberdorf, Horb-Rexingen, Walldorf); »Dies ist das Tor zum Herrn, die Gerechten ziehen durch es hinein« (Psalm 118,20, z. B. in Bad Schönborn-Bad Mingolsheim, Efringen-Kirchen, Horb-Rexingen alte Synagoge, Sinsheim-Ehrstädt, Werbach-Wenkheim); »Mein Haus soll ein Bethaus für die Völker genannt werden«

47 Synagoge in (Bad Rappenau-)Bonfeld, um 1780 erbaut, 1938 zerstört und abgebrochen; Blick auf Toraschrein (Mitte links) und den Almemor mit dem Vorlesepult.

48 Synagoge in (Gerabronn-)Dünsbach, 1799 erbaut, nach 1935 abgebrochen; Blick auf Almemor mit Vorlesepult (Vordergrund) und den Toraschrein (Hintergrund).

(Jes. 56,7, z. B. in Rastatt alte und neue Synagoge, Ettlingen, Seckach-Großeicholzheim). Seltener sind Inschriften wie: »Und Salomo baute das Haus« (1.Kön. 6,14, Obersulm-Eschenau); »Öffnet die Tore, damit ein Volk einzieht, das die Treue bewahrt« (Jes. 26,2, Stuttgart alte Synagoge 1861, neue Synagoge 1952; die alte Synagoge trug über dem rechten Eingang noch die Inschrift: »Öffnet die Tore der Gerechtigkeit, daß ich durch sie einziehe und dem Herrn danke«, Psalm 118,19). Die Synagoge in Hemsbach (Rhein-Neckar-Kreis) trägt die Inschrift: »Jedes Gebet und Flehen eines jeden einzelnen Menschen, der inne wird und die Not seines Herzens erkennt, und seine Hände zu diesem Haus erhebt, das höre du im Himmel, dem Ort deines Wohnens, verzeih und führe es aus« (1.Kön. 8,38). An der Wieslocher Synagoge stand das Psalmwort: »Ich freue mich über die, die mir sagten: lasset uns ziehen zum Haus des Herrn« (Psalm 122,1), an der Müllheimer Synagoge: »Er verkündet Jakob seine Worte, Israel seine Gesetze und Rechte« (Psalm 147,19). An den beiden letztgenannten Orten sind die Synagogen zwar abgebrochen, die Portalinschriften sind jedoch auf den dortigen jüdischen Friedhöfen eingemauert und erhalten. In (Gaggenau-)Hörden war über dem Eingang in hebräisch und deutsch zu lesen: »Haus Jacob! Laßt uns wandeln im Lichte des Herrn!« (Jes. 2,5)
Oft sind in den Inschriften einzelne Buchstaben so markiert, daß man beim Zusammenzählen der hebräischen Buchstabenwerte das Jahr der Einweihung des Gebäudes erhält. Auch im Innern einer Synagoge waren vielfach Inschriften angebracht, besonders häufig über dem Toraschrein, häufig aber auch an der Decke oder an den Wänden.

Eine Besonderheit des süddeutschen Raumes ist der sogenannte Hochzeits- oder Chuppa-Stein, der sich noch an einigen ehemaligen Synagogengebäuden befindet. Er geht auf ein Ritual während der Trauungszeremonie zurück: Braut und Bräutigam trinken am Schluß des Trauungsaktes aus einem Glas als Symbol ihrer ehelichen Vereinigung, anschließend wird dieses Glas an den Hochzeitsstein geworfen. Mehrere Deutungen dieser Sitte sind bekannt. Zum einen möchten Braut und Bräutigam alle Übel von ihrer Ehe und ihren Gästen abwenden, dazu den Wunsch nach Fruchtbarkeit in ihrer Ehe ausdrücken. Zum anderen sollen die zerbrochenen Scherben auch an diesem Tag der Freude daran erinnern, daß der Jerusalemer Tempel zerbrochen wurde und die messianische Zeit noch nicht angebrochen ist.

Auf den Steinen findet sich häufig ein Hexagramm (Davidstern) oder auch eine Blütenform mit Inschriften, von denen nur zwei bekannt sind: Zum einen ist es der Wunsch »Masel tow« (»Gut Glück«), den die Hochzeitsgäste dem Paar zurufen (auf dem Stein ausgeschrieben oder nur in den Buchstaben M und T), sowie der hebräische Satz: »Die Stimme der Wonne und die Stimme der Freude, (das sind) die Stimme des Bräutigams und die Stimme der Braut« (vgl. Jer. 7,34). Auch dieser Satz ist meist nur abgekürzt zitiert.

In den Abbildungen sind die Steine aus Eppingen (alte Synagoge, Umschlagbild), (Bad Rappenau-)Heinsheim und (Sinsheim-)Ehrstädt zu sehen. Weitere Steine befinden sich in Freudental, (Tauberbischofsheim-)Dittigheim, (Wallhausen-)Michelbach a. d. L., vermutlich auch (unter Verputz) in (Bopfingen-)Aufhausen, (Bopfingen-)Oberdorf und (Bad Friedrichshall-)Kochendorf. Nicht mehr vorhanden sind die Steine in (Göppingen-)Jebenhausen und Niederstetten, die aus Abbildungen bekannt sind. Der aus der Synagoge (Bad Mergentheim-)Edelfingen stammende Chuppa-Stein wird in der örtlichen Verwaltungsstelle Edelfingen aufbewahrt.

Unabhängig vom Baustil der jeweiligen Synagogen fand sich häufig nicht nur am Toraschrein, sondern auch an der Westfront (Eingangsfront) des Synagogengebäudes eine Andeutung der beiden Säulen des Jerusalemer Tempels, die nach 1. Kön. 7,21 Jachin und Boas heißen. Bei einigen klassizistischen Synagogenbauten (z. B. Horb-Rexingen) drängt sich diese Assoziation mit den beiden mächtigen dorischen Säulen im Eingangsbereich auf. An

◁ 49 Inschrift über dem Synagogeneingang in (Werbach-)Wenkheim: »Dies ist das Tor zum Herrn, die Gerechten ziehen durch es hinein.« (Psalm 118,20).

◁ 50 Inschrift über dem Eingang für die Männer an der ehemaligen Synagoge in (Bopfingen-)Oberdorf: »Hier ist nichts anderes denn Gottes Haus und hier ist die Pforte des Himmels.« (Gen. 28,17).

anderen Synagogen finden sich säulenartige Bauten, die sich rechts und links der Fassade erheben. In Müllheim oder (Ettenheim-)Altdorf waren dies noch kleine Rundtürmchen auf den Ecken der Fassade. In Freiburg flankierten den westlichen Eingang zwei minarettartig über den Dachansatz hinausragende Säulen. Beachtlich größer sind die Säulen in Eppingen, minarettartige Rundtürme, die sich nach oben zu korbartigen, mit kleinen Zinnen versehenen Aufsätzen erweitern. In anderen Synagogen entwickelten sich diese Säulen freilich zu Türmen, die deutlich Kirchtürmen ähnlich sehen (Künzelsau, Laupheim).

In einigen Fällen wurde der Grundstein der Synagoge auffallend gestaltet. In (Adelsheim-)Sennfeld trug er die Jahreszahl 1836, darüber befand sich das sonst von Türsturzinschriften bekannte Zitat aus Psalm 118,20: »Dies ist das Tor zum Herren, die Gerechten ziehen durch es hinein.« Im Dritten

51 Inschrift über dem Synagogeneingang in Hemsbach: »Jedes Gebet und Flehen eines jeden einzelnen Menschen, der inne wird und die Not seines Herzens erkennt, und seine Hände zu diesem Haus erhebt, das höre du im Himmel, dem Ort deines Wohnens, verzeih und führe es aus.« (1.Kön. 8,38). Erbaut im Jahre 5605 (= 1845 n.d.Z.).

52 Hochzeitsstein an der ehemaligen Synagoge in (Bad Rappenau-)Heinsheim.

53 Hochzeitsstein an der ehemaligen Synagoge in (Sinsheim-)Ehrstädt.

54 Gebotstafeln der Synagoge in Stuttgart (1858–1861 erbaut), die die Zerstörung des Gebäudes 1938 unter den Trümmerresten überstanden haben. Sie befinden sich heute im Inneren der neuen Synagoge.

55 Synagoge in Eppingen, 1872/73 erbaut, 1938 zerstört; die beiden Säulen rechts und links der Westseite (Eingang) erinnern an die Säulen Jachin und Boas des salomonischen Tempels in Jerusalem.

56 Synagoge in Heidelberg, 1878 erbaut, 1938 zerstört. Blick auf Toraschrein, Kanzel und Orgelempore. ▷

Reich wurde die Inschrift herausgemeißelt. In (Ahorn-)Eubigheim trägt der Grundstein neben der Jahreszahl 1850 die Initialen »J. G.«, vermutlich für »Jüdische Gemeinde«. In (Buchen-)Bödigheim ist bis heute als Inschrift zu lesen: »Diese Sinagog wurde Erbaut unter der Regierung des Durchlaucht Grosherzog Ludwig von Baden dem Israelitischen Vorsteher Ms. Behr durch Werckmeister Huber 1818.« In Buchen (Bezirksmuseum der Stadt) und Sinsheim (Heimatmuseum der Stadt) bilden die Grundsteine der Synagoge das noch einzige Erinnerungsstück an das ehemalige Synagogengebäude.

Zu den Besonderheiten eines Synagogengebäudes gehört in vielen Fällen die Deckenmalerei, die traditionell einen blauen, mit Sternen übersäten Himmel zeigt. Dieser weist auf die Verheißung Gottes an Abraham hin: »Deinen Samen will ich machen wie die Sterne des Himmels« (vgl. Gen. 15,5; 22,17). In Hechingen ist der Sternenhimmel in zwölf Segmente geteilt, die für die zwölf Stämme Israels stehen.

Weit verbreitet waren in bzw. auf den Synagogengebäuden auch die Gebotstafeln. Sie fanden sich häufig auf dem Giebel des Gebäudes oder auch im Synagogeninnern, dabei meist über dem Aron Hakodesch. Nur wenige Tafeln sind erhalten. In Stuttgart wurden sie während des Abbruchs der Synagoge 1939 unter Schutt vergraben und nach 1945 wieder geborgen. Seit 1952 sind sie in der neuen Synagoge eingebaut. In Eberbach (Rhein-Neckar-

Kreis) wurden die ehemals auf dem First der Synagoge befindlichen Tafeln 1978 bei Baggerarbeiten im Neckar wieder aufgefunden, wo sie vermutlich 1938 versenkt worden waren.
Nach dem Ersten Weltkrieg wurden in den Synagogen – wie in vielen Kirchen – Tafeln für die Gefallenen der Gemeinde aufgehängt. Einige dieser Tafeln sind erhalten (z. B. in Stuttgart; Sinsheim-Steinsfurt; die Tafel aus der Synagoge in Schöntal-Berlichingen findet sich im Heimatmuseum Künzelsau).
Eine Orgel findet sich in Synagogen erst seit dem 19. Jahrhundert, wenngleich auch hier nur in den überwiegend liberal gesonnenen Stadtgemeinden. Auch zahlreiche Landgemeinden verfügten über ein solches Instrument (z. B. Bad Buchau) oder zumindest über ein Harmonium (Bretten, Laupheim usw.). In einigen Synagogen befand sich die Orgel auch über dem Toraschrein der Ostinnenwand (Heidelberg, Konstanz).
Fast jede Synagoge besaß einen Raum, worin verschlissene Bücher, alte Schriftstücke und Kultgegenstände vorläufig deponiert wurden (Genisa). Nach jüdischer Tradition kann eine Schrift, die den Gottesnamen enthält, nicht einfach fortgeworfen werden. Vielfach wurden alle hebräischen oder mit hebräischen Buchstaben (also auch jiddisch) geschriebenen Bücher und Hefte in der Synagoge gelagert, bis sie eines Tages auf dem Friedhof der Gemeinde beerdigt wurden. In Hechingen und Freudental wurden bei den Restaurierungen Aufbewahrungsorte gefunden. Hierbei kamen zahlreiche Druckwerke zutage: Kalender jüdischer Händler des 19. Jahrhunderts, Erbauungsliteratur, Talmudblätter, Gesangbücher, kleinere Kultgegenstände usw.

Abriß oder Erhaltung?
Gebäude ehemaliger Synagogen nach 1945

Überblick über das Schicksal der Synagogengebäude nach 1938

1938 wurde ein großer Teil der bis dahin bestehenden Synagogen von Nationalsozialisten niedergebrannt. Die Ruinen sind an vielen Orten noch im selben Jahr beseitigt worden, oftmals auf Kosten der jüdischen Gemeinden. An anderen Orten standen Ruinenreste noch lange über das Kriegsende hinaus. So wurden in Mannheim die übriggebliebenen Mauern der Klaus-Synagoge 1951–1953, die der Hauptsynagoge 1955 entfernt. In (Mannheim-)Feudenheim wurde die Ruine zu einer Gedenkstätte umgestaltet. An einigen anderen Orten (z. B. in Eichstetten und Efringen-Kirchen) sind Mauerreste bis heute vorhanden.
In den Kriegsjahren wurden die übrig gebliebenen Synagogengebäude demonstrativ unwürdig genutzt. In (Horb-)Mühringen und (Horb-)Rexingen dienten sie als Lager der Waffenfabrik Mauser. Die Synagoge in (Bopfingen-)Aufhausen wurde Heim der Hitler-Jugend; zahlreiche Gebäude wurden als Kriegsgefangenenlager, als Turn- oder Rekrutierungshallen für Soldaten verwendet. Diese Gebäude waren (bis spätestens 1943) von den jüdischen Gemeinden bzw. deren Vertreter verkauft worden, wenngleich weit unter ihrem Wert. In Freudental erwarb die politische Gemeinde 1943 die ehemalige Synagoge von der Reichsvereinigung der Juden in Berlin. Der dahin überwiesene Betrag kam jedoch nie an, da das Reich ihn vereinnahmt hatte.
Gegen Kriegsende wurden einige Synagogengebäude durch Kriegseinwirkungen zerstört, darunter im hohenlohischen Raum die ehemaligen Synagogen in Crailsheim, Königheim, (Neuenstadt-)Stein a. K. und Niederstetten.
Nach Kriegsende war zunächst unklar, ob die ausgewanderten jüdischen Familien wieder in ihre alte Heimat zurückkehren würden. In Bad Mergentheim war die erste Amtshandlung des von der amerikanischen Militärregierung eingesetzten Bürgermeisters ein Brief an den in der Emigration lebenden ehemaligen Rabbiner der Stadt. Der am 4. Mai 1945 vom Bürgermeister der Stadt Mergentheim geschriebene Brief hatte den Inhalt:
»Sehr geehrter Herr Rabbiner! Als derzeitiger Bürgermeister der Stadt Mergentheim habe ich die Ehre, Ihnen die Schlüssel der Synagoge der früheren jüdischen Kultusgemeinde zu überreichen. Durch einen besonderen Glücksumstand ist die Synagoge vor der sonst in Deutschland üblichen Zerstörung bewahrt worden, weil durch eine Inbrandsetzung die Stadt in Gefahr geraten wäre, abzubrennen. Noch viel größer aber ist meine Freude darüber, daß ich Ihnen das Allerheiligste der jüdischen Gemeinde, das der letzte Vorsteher einem treuen Katholiken überlassen hat, mit der Weisung es aufzubewahren, bis wieder Juden in Mergentheim sind, übergeben kann. Leider sind die früheren Juden aus Mergentheim in alle Welt zerstreut oder tot. Ich kann Ihnen versichern, daß der größte Teil der Bevölkerung von Bad Mergentheim keinen Anteil an diesen scheußlichen Verbrechen hatte und sie mit Ingrimm zusehen mußte, wie dieses Verbre-

chen, das unser deutsches Volk für alle Zukunft schändet, geschehen ist. Ich hoffe, daß viele unserer jüdischen Mitbürger wieder in unserer Stadt erscheinen werden, soweit sie noch am Leben sind, um mit uns am Wiederaufbau eines freien und besseren Deutschlands, befreit von der Nazipest und Rassen- und Nationalhaß, mitzuarbeiten. Ich begrüße Sie im Namen der Stadt Mergentheim.
Mit vorzüglicher Hochachtung
Ihr sehr ergebener Dr. Herz.«

1946 wurde in Bad Mergentheim die Synagoge renoviert und in Anwesenheit eines amerikanischen Armeerabbiners eingeweiht. Da in die Stadt jedoch nur eine jüdische Familie wieder zuzog, wurde die Synagoge bald wieder geschlossen und 1957 abgebrochen.

Die alliierten Militärregierungen gaben 1947 der deutschen Justiz den Auftrag, allen Personen und Vereinigungen, denen 1933–1945 aufgrund der nazistischen Gesetzgebung Vermögensgegenstände entzogen worden waren, diese Vermögenswerte wieder zurückzugeben. Dies betraf auch alle ehemaligen Synagogen und Synagogengrundstücke, die großenteils durch die Militärregierungen gesperrt worden waren. Am 1. April 1949 verabschiedete die württembergisch-badische Landesregierung das Gesetz der Wiedergutmachung nationalsozialistischen Unrechtes. In den folgenden Monaten kamen die ehemaligen Synagogen und die Grundstücke an die Jewish Restitution Successor Organization (JRSO) in New York, nachdem sich herausgestellt hatte, daß an fast allen Orten keine jüdischen Gemeinden mehr entstehen würden. Die JRSO übertrug daraufhin die Synagogengebäude den wieder bestehenden jüdischen Gemeinden, die ihrerseits die Gebäude auch nicht mehr benötigten. Das Land Württemberg-Baden kaufte 1952 in einem Globalvertrag alle im Land nicht mehr benutzten Synagogengebäude auf. Danach wurden sie weiterverkauft, teilweise wieder an die politischen

57 Sprengung der ehemaligen Synagoge in Müllheim im Sommer 1968.

Gemeinden, teilweise an Privatpersonen. Ähnlich gestalteten sich die Verhältnisse in den ehemaligen Landesteilen Baden und Württemberg-Hohenzollern.

Nach Kriegsende wurden die ersten Prozesse um die Synagogenbrände 1938 eröffnet, die sich teilweise lange verzögerten und mit wenig befriedigenden Ergebnissen und Urteilen endeten. In vielen Fällen schoben die Angeklagten die Schuld auf Personen, die später im Krieg gefallen waren. Kaum einer bekannte sich schuldig. Teilweise fanden die Prozesse noch in den sechziger Jahren statt (z. B. Prozeß zum Synagogenbrand Freudental 1962 vor dem Landgericht Heilbronn).

Die Nutzung der ehemaligen Synagogengebäude war seit dem Anfang der fünfziger Jahre weithin in das Belieben der jeweiligen Besitzer gestellt. Da viele Gebäude nach den Beschädigungen 1938 und im Krieg baulich heruntergekommen waren, wur-

den sie an etlichen Orten abgebrochen. Dies betraf die folgenden Gebäude:
1945–1959: (Efringen-)Kirchen, (Bad Mergentheim-)Edelfingen, Zwingenberg, (Gemmingen-)Stebbach, Siegelsbach, Schwäbisch Gmünd, (Kehl-)Bodersweier, Talheim, (Rheinau-)Rheinbischofsheim, (Schwaigern-)Massenbach, Bad Mergentheim, Wiesloch.
1960–1969: Malsch (HD), (Horb-)Mühringen, Wertheim, Rust, Lauchheim, Ladenburg, Müllheim.
1970–1979: Waibstadt, Graben(-Neudorf), (Jagsthausen-)Olnhausen, Krautheim, Gemmingen, Adelsheim.
Seit 1980 die Gebäude in Philippsburg, (Heilbronn-)Sontheim und Mulfingen. Derzeit sind vom Abbruch bedroht: (Bad Mergentheim-)Wachbach, Billigheim und Igersheim.
Teilweise gab es in den einzelnen Orten entschiedene Gegner eines Abbruchs des Synagogengebäudes. So wurde 1964 in Rust (Ortenaukreis) der bevorstehende Abbruch heftig diskutiert. Die Gegner betonten, daß der Abbruch eines ehemaligen jüdischen Gotteshauses grundsätzlich völlig indiskutabel sein müsse. Man dürfe nicht nach 1945 nachholen, was 1938 an einigen Orten nicht verwirklicht wurde.
Eine Übersicht über ca. 250 Gebäude, die in der Zeit nach 1850 als Synagogen oder für Betsäle jüdischer Gemeinden genutzt wurden (s. S. 110ff.) zeigt, daß von der Hälfte dieser Gebäude knapp 50 Jahre nach der Reichspogromnacht nichts mehr vorhanden ist. Von den übrigen Gebäuden sind noch 22 äußerlich seit ihrer Nutzung als jüdische Gotteshäuser kaum verändert erhalten, wobei über den Bauzustand – zwischen baufällig und in gutem Zustand – noch nichts ausgesagt ist. 26 weitere Gebäude sind zwar umgebaut, doch ist ihre frühere Nutzung von außen deutlich erkennbar. Alle weiteren Gebäude sind so umgebaut, daß äußerlich nichts mehr auf eine Vergangenheit als Synagoge hinweist. Bei vielen davon sind nur die Fundamente oder Mauerteile in die Nachfolgegebäude aufgegangen.

Zum Denkmalwert und zur Denkmalpflege der Synagogen

von Hubert Krins, Landesdenkmalamt Tübingen

Die Zerstörung und Demolierung der Synagogen im November 1938 war, neben allen anderen Aspekten dieser Schandtat, auch ein Akt unerhörter Denkmalzerstörung. Im Rückblick offenbart sich eine geradezu infame Logik: Der Vernichtung der Juden ging die Vernichtung der Bauwerke voraus, in denen ihr Glaube, ihre Geschichte, ihr Weg zur Emanzipation am deutlichsten sichtbar war. Kein Zweifel, stünden diese Zeugnisse ihrer Geschichte heute, sie wären ausnahmslos Denkmale sui generis. Um so mehr trifft dies für die Synagogen zu, die jene Gewalttat überstanden und heute noch erhalten sind. Niemand wird den Bedeutungsgehalt dieser Synagogen für die Geschichte der Juden in Frage stellen.
Dagegen wird leicht, und gelegentlich auch mit Absicht, übersehen, daß die Geschichte der Juden in Deutschland auch ein Teil der deutschen Geschichte ist. Sie ist es in zweierlei Weise. Die eine bezieht sich auf den Zeitraum vor 1933 und beleuchtet die Entwicklung des Zusammenlebens, die für die deutsche Seite genau so aufschlußreich ist wie für die jüdische, eine Entwicklung, die schließlich dazu führte, daß sich der größte Teil der Juden in Deutschland als Deutsche fühlten und die deutsche Kultur wesentlich prägten. Die andere bezieht sich auf die Zeit der Judenverfolgung im Dritten Reich und deren Nachwirkungen.
Jede Synagoge vermittelt daher »Geschichte« auf drei Sprachebenen, von denen sich zwei, nämlich

die jüdische und deutsche der ferneren Vergangenheit, mit den Möglichkeiten der historischen Wissenschaften objektiv umschreiben lassen, während die dritte der jüngeren deutschen Geschichte aufgrund der zeitlichen Nähe, vor allem aber aufgrund des Bewußtseins größter Schuld sich der Objektivierbarkeit (noch) entzieht. Diese dritte Ebene ist jedoch subjektiv ungemein wirksam. Sie verleiht jeder Synagoge eine quasi elementare Denkmalbedeutung. In diesem Sinne ist jede Synagoge zunächst und vor allem ein Denkmal der deutschen Geschichte.

In der Diskussion um den Denkmalwert mancher Synagoge hat es in den letzten Jahren immer wieder auch offizielle jüdische Stimmen gegeben, die sich gegen deren Erhaltung aussprachen. Sie wiesen darauf hin, daß ein einmal geschändetes und profaniertes Synagogengebäude das Recht verliert, seinem ursprünglichen Zweck als Gotteshaus zu dienen. Auch staatliche und kommunale Stellen ließen sich durch diese Ansicht verunsichern. Warum sollten sie sich um ein Denkmal kümmern, wenn doch dessen ehemalige Besitzer, Nutzer oder auch Erbauer, diejenigen, die es kulturell getragen hatten, sich von diesem deutlich verabschieden? Schon ein Nachdenken über den Bedeutungsgehalt der Synagoge als Denkmal wird aber jeden zu der Antwort führen, daß diese Stimmen nur einen Teilaspekt des Denkmalwertes berühren. Sich diesem Votum anzuschließen, käme schon einer unheimlichen Verdrängung des eigenen geschichtlichen Bezugs zu dieser Denkmalgruppe gleich.

Aber auch ein Blick in das Denkmalrecht hätte darüber aufgeklärt, daß das öffentliche Erhaltungsinteresse an einem Kulturdenkmal sich unabhängig von jedem Gruppeninteresse definiert. Vielmehr ist es allein aus seiner wissenschaftlichen, künstlerischen oder heimatgeschichtlichen Bedeutung zu bestimmen. Auch das hauptsächlich vorgetragene Argument der Nutzung fällt hierbei nicht ins Gewicht. Daß in Baden-Württemberg keine der erhaltenen Synagogen wieder von einer jüdischen Gemeinde verwendet werden kann, ist eine Tatsache. Sie erschwert den Weg der Denkmalerhaltung, da nach anderen Nutzungen gesucht werden muß. Für den Denkmalwert und den öffentlichen Auftrag, Kulturdenkmale zu schützen und zu pflegen, ist dies jedoch ohne Belang.

Festzuhalten ist, daß alle Synagogen, soweit sie sich in ihrer baulichen Substanz, und sei diese auch noch so bescheiden, ablesen lassen, als Kulturdenkmal nach § 2 Denkmalschutzgesetz anzusprechen sind. Einige werden darüber hinaus als Kulturdenkmale von besonderer Bedeutung ins Denkmalbuch einzutragen sein, sofern dies nicht – wie z. B. im Fall der Hechinger Synagoge – schon geschehen ist. Es darf nicht unerwähnt bleiben, daß einige wenige Synagogen schon einmal in den zwanziger Jahren unseres Jahrhunderts unter Denkmalschutz gestellt worden waren, so die Synagogen in (Horb-)Rexingen und Freudental.

Wer sich das Ausmaß der Zerstörung der Synagogen im Dritten Reich vor Augen hält, wird vielleicht vermuten, daß sich die deutsche Denkmalpflege nach dem Krieg gerade dieser Denkmalgruppe besonders angenommen hätte. Weit gefehlt! Mit wenigen Ausnahmen, wie dem Wiederaufbau der Wormser Synagoge (1959–1961), der Instandsetzung der Synagoge in Ansbach oder dem Umbau der Synagoge in Sandhausen (Rhein-Neckar-Kreis, 1960–1962), fand das Thema drei Jahrzehnte lang überhaupt keinen Niederschlag in den Berichten der staatlichen Denkmalpflege, in der bundesweiten Fachzeitschrift »Deutsche Kunst und Denkmalpflege« bis zum heutigen Tag nicht. Es ist, als hätte es einer neuen Generation von Denkmalpflegern bedurft, um einen verschütteten Zugang zu diesem Aufgabenbereich zu öffnen. Im Zuge der in den siebziger Jahren überall einsetzenden flächendeckenden Erfassung der Kulturdenkmale wurden die Synagogen sozusagen wieder entdeckt, stellten sich die Probleme ihrer Erhaltung unvermittelt. Das vom Innenministerium und vom Landesdenkmalamt erstellte und von der baden-württembergischen Landesregierung im Jahre 1979 beschlossene »Schwerpunktprogramm Denkmalpflege« setzte ein Signal für das neuerwachte öffentliche Interesse an den Synagogen, indem es fünf, nämlich die zu Sulzburg, (Wallhausen-)Michelbach an der Lücke, Freudental, Hechingen und Kippenheim in dieses Programm aufnahm und für ihre Restaurierung und Instandsetzung hohe finanzielle Zuschüsse aus Landesmitteln bereitstellte. Das im Juni 1985 beschlossene Denkmalnutzungsprogramm des Landes Baden-Württemberg führt diesen Weg mit den Synagogen (Obersulm-)Affaltrach und (Werbach-)Wenkheim fort. Aus der allgemeinen Denkmalförderung des Landes wurden in den letzten Jahren die Projekte in Hemsbach, Braunsbach und Eppingen bezuschußt.

Als äußerst schwierig erwiesen sich in fast allen Fällen die Eigentumsverhältnisse. Denn die Synagogen waren nach 1938 – zum Teil auch schon vor 1933 – an private Personen verkauft worden. Dies führte natürlich dazu, daß die Gebäude anders genutzt wurden. Gelegentlich wurden in Synagogen Wohnungen eingebaut, oft dienten sie fortan als Lager. Diese »Umnutzung« erwirtschaftete keinen Ertrag, und damit wurde die bauliche Instandhaltung vernachlässigt. Mit der Zeit wurde selbst diese Nutzung entbehrlich, so daß der Wunsch laut wurde, die eine oder andere Synagoge abzubrechen. In der Tat sind nach zahlreichen vorangegangenen Abbrüchen weiterhin mehrere Synagogengebäude hiervon bedroht. Das neuerwachte öffentliche Interesse traf unvermittelt auf diese Situation, einerseits auf Eigentümer, die andere Absichten als die Erhaltung verfolgten oder nun einen besonders hohen Verkaufserlös erhofften, andererseits auf öffentliche Institutionen, die einen Erwerb angesichts hoher Folgekosten und nicht immer überzeugender Nutzungsvorschläge scheuten und nicht selten die Erhaltungsproblematik lieber durch das Setzen eines Gedenksteins gelöst sehen wollten. Förderkreise und Vereine bildeten sich und sprangen in die Bresche, getragen von einem hohen Verantwortungsgefühl gegenüber diesen Geschichtszeugnissen. In der Praxis erwies sich der Weg zu einem neuen denkmalbewußten Eigentümer oft genug als der weitaus schwierigere gegenüber dem folgenden der Sicherung und Instandsetzung des Gebäudes selbst, schwieriger selbst als die Finanzierung der Baumaßnahmen.

Hinter der idealistisch motivierten Denkmalzuwendung trat die Frage der Nutzung der Synagogen zunächst oft in den Hintergrund. Sie verdient aber besondere Aufmerksamkeit. Denn Synagogen werden als Synagogen nicht mehr gebraucht, und nicht jede Synagoge kann zu einem »Dokumentationszentrum« des jüdischen Glaubens und der Geschichte der Juden des jeweiligen Ortes werden. Was ist aber sonst möglich? Einige Synagogen werden heute kirchlich genutzt, – ein Weg, der schon in den ersten Nachkriegsjahren beschritten wurde und der als eine sehr sinnvolle, auch Zeichen der Versöhnung setzende Fortsetzung der alten Zweckbestimmung betrachtet werden kann. Vielleicht könnte dieser Gedanke in dem einen oder anderen Ort auch in Zukunft aufgegriffen werden, denn die erhaltenen Synagogen sind meist von bescheidener Größe und können daher kleineren Kirchengemeinden einen historisch bedeutsamen und architektonisch hervorgehobenen Ort der Zusammenkunft bieten. Aber auch andere, der einstigen Zweckbestimmung der Synagoge adäquate Nutzungen lassen sich finden. Schließlich war die Synagoge schon von alters her nicht bloß Ort des Gebetes, sondern Stätte des gesamten Gemeindelebens, Versammlungs- und Lehrhaus. So lassen sich nahezu alle Aufgaben der Kultur- und Bildungsarbeit mit gutem Grund in einer Synagoge unterbringen. In alter Zeit amtierte selbst die Gemeindeverwaltung gelegentlich in der Synagoge, – wie wäre es, wenn sich einmal ein Gemeinderat entschlösse, künftig seine Sitzungen dort abzuhalten und eine Synagoge zu diesem Zweck einzurichten? Wer Veranstaltungen in einer Synagoge erlebt hat, mag empfunden haben, daß Synagogen für derartige »mit Leben erfüllte« Nutzungen offener sind als für museale.

Es ist aber auch nicht einzusehen, warum die eine oder andere Synagoge nicht auch als Wohnhaus oder Lager weiter genutzt werden sollte. Schließlich gibt es auch Kirchen, die in der Folge der Säkularisation von einem vergleichbaren Schicksal ereilt wurden. Aufgabe der Denkmalpflege kann also nicht sein, alle Synagogen im Sinne einer mißverstandenen »Wiedergutmachung« in öffentliches Eigentum zu überführen, um sie dann wieder zurückzurestaurieren auf ihre Blütezeit. Vielmehr sollte der Denkmalpfleger vor allem dazu beitragen, in sorgfältiger Abwägung aller Faktoren, die substantielle Erhaltung der uns überlieferten Synagogen zu sichern. Eine solche Haltung eröffnet breite Ansätze für die Zukunft und einen Weg, auf dem es vielleicht gelingen mag, von einem aus der Vergangenheit so belasteten Denkmalverständnis zu einem unbelasteten, im Sinne einer Fürsorge zukunftsorientierten Denkmalumgang zu gelangen. Dabei sollte eines Tages auch die gegenwärtig kaum akzeptabel erscheinende Synagogenruine ihren Platz neben vielen anderen Formen des Weiterlebens finden dürfen.

Ein erster Schritt in diese Richtung muß darin bestehen, die erhaltenen Synagogen mit den Methoden der Bauforschung zu untersuchen und zu dokumentieren. Denn da der vorhandene Bestand einen zufälligen Rest darstellt, werden sich nur so fachlich solide Grundlagen und Perspektiven für seine Erhaltung gewinnen lassen. Es wäre dies eine lohnende, Neuland beschreitende Aufgabe, nicht nur für das Landesdenkmalamt, sondern mehr noch für die entsprechend ausgerüsteten Institute der Landesuniversitäten.

Schwerpunkte der Restaurierung von Synagogengebäuden seit 1977

Sulzburg (Kreis Breisgau-Hochschwarzwald, 1977–1984)

Zur Geschichte der jüdischen Gemeinde

Die Geschichte der Sulzburger jüdischen Gemeinde geht in die Zeit des 16. Jahrhunderts zurück. Erstmals werden 1528 Juden am Ort genannt. Die Stadt wird vor allem Zuzug durch einige der aus Orten um Freiburg 1523 vertriebenen Juden erhalten haben (u. a. Krozingen, Gottenheim). Auf dem im 16. Jahrhundert angelegten Sulzburger jüdischen Friedhof wurden lange Zeit alle verstorbenen Juden des badischen Oberlandes beigesetzt. Unter Markgraf Georg Friedrich (1604–1622) wurden die Juden vertrieben. 1716 waren wieder vier Familien in der Stadt. Von da an war Sulzburg bis ins 19. Jahrhundert geistiges und kultisches Zentrum der Juden in der Markgrafschaft; die Gemeinde gehörte von altersher zu den frommen jüdischen Gemeinden. Obwohl die Sulzburger Juden bis ins 19. Jahrhundert hinein von dem ihnen erlaubten Getreide-, Wein-, Tabak- und Viehhandel unter durchaus armseligen Bedingungen lebten, war ihr Anteil am Leben und an der Kultur der Stadt schon damals beträchtlich. 1864 umfaßte die jüdische Gemeinde mit 416 Personen ein Drittel der Stadtbevölkerung. Aus Sulzburg stammte Gustav Weil (1808–1889), der als Professor für orientalische Sprachen in Heidelberg vor allem durch seine Übersetzung von »Tausendundeiner Nacht« bekannt wurde. Bis 1887 bestand ein Rabbinat in Sulzburg, dann wurde es nach Freiburg verlegt. Als die Katastrophe der nationalsozialistischen Herrschaft über Deutschland hereinbrach, lebten noch 94 Juden in Sulzburg. Mindestens 22 von ihnen kamen in Konzentrationslagern ums Leben.

Zur Geschichte der Synagoge

Bereits 1546 hatte Markgraf Ernst den Sulzburger Juden erlaubt, eine »Schul oder Synagog aufzurichten« und dazu einen Vorsänger oder Schulmeister zu halten. Vermutlich wurde daraufhin ein Betsaal eingerichtet. Nach der Wiederansiedlung im 18. Jahrhundert war wiederum ein Betsaal vorhanden, bis 1823 eine Synagoge in der Mühlbachstraße (im Volksmund »Judengasse«) erbaut werden konnte. Sie wurde in einem spätbarock-klassizistischen Mischstil erbaut. Im Innern überwiegen klassizistische Stilmerkmale; die großen Rundfenster im Obergeschoß nehmen ein barockes Element auf. 1879 wurde die Synagoge renoviert. In einem Festgottesdienst feierte die gesamte Sulzburger Bürgerschaft mit der israelitischen Gemeinde das in neuem Glanz erstandene Gotteshaus. Am 10. November 1938 wurde die Synagoge schwer demoliert. Sie konnte zum Glück nicht angezündet werden, da die Nachbarhäuser zu eng daneben standen. 1939 erwarb die politische Gemeinde die Synagoge. Eine Turnhalle sollte in ihr eingerichtet werden. Nach dem Krieg kam sie an die jüdische Kultusgemeinde Südbaden zurück. 1954 wurde sie an einen Privatmann verkauft.

58 Ehemalige Synagoge in Sulzburg, Zustand 1962.

59 Ehemalige Synagoge in Sulzburg nach Abschluß der Restaurierung 1987.

Geschichte der Restaurierung

Die Bemühungen um den Erhalt der Sulzburger Synagoge gehen in die Zeit Anfang der sechziger Jahre zurück. 1964 nahm sich ein Freundeskreis um den aus Sulzburg stammenden jüdischen Bürger Hugo Bloch, München, der Synagoge an. Es wurde vorgeschlagen, einen Betsaal, einen Vortragssaal und ein Heimatmuseum in dem Gebäude einzurichten. Erste Besprechungen mit dem Landratsamt und dem Landesdenkmalamt 1964 kamen ein Jahr später ins Stocken, da sich der Besitzer weigerte, das Synagogengebäude zu verkaufen. 1974 sollte das Gebäude nach Meinung des Bürgermeisteramtes wegen seines schlechten Zustandes abgebrochen werden. Das Landesdenkmalamt, das bereits für 1965 einen Zuschuß vorgemerkt hatte, ergriff die Initiative zum Erhalt der Synagoge. 1976 war der Besitzer zum Verkauf bereit. 1977 kaufte die Gemeinde Sulzburg das Gebäude. Unter den Architekten Edi Guggenheim und Wolfgang Hertel wurden die Restaurierungsarbeiten begonnen. Intensive Überlegungen fanden zur künftigen Nutzung des Gebäudes statt. 1978 wurde die Anna-

Hugo-Bloch-Stiftung mit der Aufgabe begründet, die israelitische Kultusgemeinde in Sulzburg wieder zu beleben. Aus der ehemaligen Synagoge sollte wieder ein jüdisches Gemeindezentrum werden. Da derzeit jedoch keine Aussichten bestehen, daß in Sulzburg wieder eine jüdische Gemeinde entstehen kann, wurde der Plan nicht verwirklicht.
1979 wurde die ehemalige Synagoge in das Schwerpunktprogramm Denkmalpflege des Landes Baden-Württemberg aufgenommen und für ihre Wiederherstellung ein Zuschuß von 1,6 Millionen DM bewilligt. Bei den Restaurierungsarbeiten sollte das Haus möglichst in den alten Zustand vor 1938 versetzt werden. Restauriert wurden insbesondere die Außenfassade und der Eingangsbereich sowie das rituelle Bad. Mit besonderer Sorgfalt wurden die herrlichen Malereien im Innern nachgezeichnet, insbesondere das mit Sternen ausgemalte blaue Himmelsgewölbe der Decke. Ausstattungsstücke wie Toraschrein und Lesepult wurden rekonstruiert. Die Restaurierungsarbeiten konnten 1984 vorläufig abgeschlossen werden.
Im November 1984 konnte in einer Gedenkstunde das Haus als ein Haus der Begegnung für Stadt und Umgebung eingeweiht werden. Die Fragen einer endgültigen Nutzung sind jedoch derzeit (1987) noch teilweise offen, bis zu einem völligen Abschluß der Restaurierungsarbeiten (1987 erfolgt noch der Einbau einer Heizung) ist mit einer Klärung zu rechnen.

(Wallhausen-)Michelbach an der Lücke (Kreis Schwäbisch Hall, 1978–1984)

Zur Geschichte der jüdischen Gemeinde

In Michelbach an der Lücke konnten sich im 16. Jahrhundert einige jüdische Familien niederlassen, darunter vermutlich solche, die 1519/20 aus Rothenburg ob der Tauber vertrieben worden waren. Der erste urkundliche Nachweis eines jüdischen Bewohners liegt von 1556 vor, als ein Mosse von Michelbach genannt wurde. Nach dem Dreißigjährigen Krieg lebten sieben jüdische Familien am Ort (1660). Die höchste Zahl jüdischer Bewohner wurde um 1858 mit 225 Personen erreicht, was einem Drittel der Dorfbevölkerung entsprach. Danach ging die Zahl durch die Landflucht und durch Auswanderungen nach Nordamerika sehr stark zurück.
1933 wohnten noch 35 jüdische Einwohner in Michelbach. In ihrem Besitz waren vier Viehhandlungen und ein Textilgeschäft. Nach den Deportatio-

60 Ehemalige Synagoge in (Wallhausen-)Michelbach an der Lücke, Zustand 1964.

nen kamen 16 Personen in Riga und im KZ Theresienstadt ums Leben. Nach 1945 kehrte nur der Viehhändler Moritz Eichberg in den Ort zurück, wo er bis 1961 lebte. Mit seinem Wegzug erlosch die über vierhundertjährige Geschichte der jüdischen Gemeinde.

Zur Geschichte der Synagoge

Das jüdische Wohngebiet konzentrierte sich zunächst auf die heute noch so genannte »Judengasse«. 1756/57 wurde eine Synagoge erbaut, die einen bis dahin benutzten Betsaal in einem der jüdischen Privathäuser ersetzte. Dieses Haus war inzwischen »gänzlich zerrüttelt und baufällig geworden«, so daß ein Neubau unumgänglich wurde. Ein in jüdischem Besitz befindlicher Garten diente als Baugrundstück. Die zuständige Ortsherrschaft erteilte im Oktober 1756 die Baugenehmigung. Der Betsaal erhielt ein für den Synagogenbau dieser Zeit geläufiges Tonnengewölbe und eine Frauenempore. Äußerlich gaben die Rundbogenfenster, die kleine Apsis an der Ostseite und das darüber befindliche Rundfenster dem Gebäude einen würdevollen und für ein kleines Dorf durchaus repräsentativen Charakter. 1844 wurde die Synagoge renoviert und war Bethaus der jüdischen Gemeinde, bis sie im November 1938 demoliert wurde.

61 Ehemalige Synagoge in (Wallhausen-)Michelbach an der Lücke am Tag der Einweihung als Dokumentationszentrum, 12. Juli 1984.

Während des Krieges war das Gebäude als Munitionslager von der Flugplatzverwaltung Crailsheim beschlagnahmt. 1949 ging es in Privatbesitz über und diente schließlich einer Mostkellerei als Lagerraum.

Geschichte der Restaurierung

Mitte der siebziger Jahre machte der Besitzer des Synagogengebäudes beim Landratsamt Schwäbisch Hall eine Eingabe, das mittlerweile verwahrloste Gebäude zum Bau eines neuen Lagerraumes abbrechen zu dürfen. Der Landkreis erteilte keine Genehmigung, vielmehr löste der drohende Abbruch Bemühungen aus, das Synagogengebäude zu retten. 1978 erwarb die Gemeinde Wallhausen mit Mitteln des Landkreises das Haus, das ein Jahr später in das Schwerpunktprogramm Denkmalpflege des Landes Baden-Württemberg als erhaltenswertes Baudenkmal aufgenommen wurde. Für die Wiederherstellung wurden aus diesem Programm rund eine halbe Million Mark aus Landesmitteln zur Verfügung gestellt.

Das Gebäude war vor der 1982 begonnenen Restaurierung in höchst baufälligem Zustand. Das Gewölbe der Decke war kurz vor dem Einsturz. Durch einen Betongurt in Traufhöhe konnte der Bau stabilisiert werden. Das Dach wurde nach dem alten Konstruktionssystem neu gerichtet. Im Innern wurden die originalen Wand- und Deckenbemalungen wiederhergestellt. Durch Zufall fand man bei einem emigrierten jüdischen Mitbürger aus Niederstetten, der in New York lebte, ein Foto, das einen Teil des Innenraums im Zustand von 1932 zeigte. Mit Hilfe dieser Aufnahme konnte ein Teil des Toraschreines und des Almemors rekonstruiert werden.

Am 12. Juli 1984 wurde das Gebäude als Dokumentationszentrum für die Geschichte der Juden in der Region Franken eingeweiht. Die Trägerschaft übernahmen die fünf Landkreise dieser Region. Eine ständige Ausstellung, die sich vor allem auch für den Besuch von Schulklassen und Jugendgruppen eignet, informiert über die Geschichte der Juden in Franken, ihr Berufs- und Alltagsleben, die jüdischen Feiertage und wie sie begangen wurden. Zahlreiche Dokumente und Urkunden in Ausstellungsvitrinen erinnern auch an bedeutende Persönlichkeiten wie den Bankdirektor Israel Landauer aus Gerabronn oder den aus Affaltrach stammenden Philosophen August Thalheimer. An die leidvolle Geschichte der Juden unter der Naziherrschaft erinnern Exponate aus dem Besitz von Moritz Eichberg, der den Aufenthalt in Konzentrationslagern überlebt hatte und wieder nach Michelbach zurückgekommen war.

Freudental (Kreis Ludwigsburg, 1980–1985)

Zur Geschichte der jüdischen Gemeinde

In Freudental wurden Anfang des 18. Jahrhunderts Juden aufgenommen. 1723 erlaubte der Freiherr Johann Gottlob Zobel von Gibelstadt die Niederlassung von sechs jüdischen Familien aus Flehingen. Die Ortsherrschaft war auf der Suche nach Mietern für ihr heruntergekommenes altes Schloß gewesen, wofür Juden als einträgliche Einnahmequelle gerade recht erschienen. Weitere jüdische Familien wurden von der Reichsgräfin Wilhelmine von Würben 1731 aufgenommen, so daß damals insgesamt 24 jüdische Familien am Ort wohnten. Bald entwickelte sich die Gemeinde zu einem Mittelpunkt jüdisch-religiösen Lebens im württembergischen Unterland und wurde Sitz eines Rabbinats (bis 1887). Eine gewisse Originalität erlangte der sogenannte Wunderrabbi Joseph Maier aus Schnaittach, der 1821–1834 Rabbiner in Freudental war.

1862 wurde die höchste Zahl jüdischer Bewohner mit 377 Personen erreicht, mehr als ein Drittel der Ortsbewohner. Auch in Freudental ging die Zahl jüdischer Bewohner in der zweiten Hälfte des 19. Jahrhunderts durch Abwanderungen stark zurück. 1933 wohnten nur noch 50 Juden am Ort. Von ihnen kamen mindestens 19 Personen nach der Deportation in Vernichtungslagern des Ostens ums Leben.

Zur Geschichte der Synagoge

Kurz nach ihrer Aufnahme im alten Schloß, das seitdem »Judenschlößle« genannt wird, werden die jüdischen Familien einen Betsaal eingerichtet haben, vielleicht in dem bis heute erhaltenen, mit einer Stuckdecke versehenen Raum im ersten Stock. Um 1738/1750 wurde eine erste Synagoge erbaut, die sich vermutlich im heutigen Synagogenhof befand. Bereits 20 Jahre später mußte sie durch einen größeren Bau ersetzt werden. Beim Bau dieser neuen Synagoge 1770 orientierte man sich am Baustil der Hugenottenkirchen, der in ganz Deutschland bei zahlreichen jüdischen Gemeinden Nachahmung fand (z. B. sieht die Synagoge in Gröbzig, Sachsen-Anhalt, der Freudentaler Synagoge zum Verwechseln ähnlich). Der Baumeister der Freudentaler Synagoge ist unbekannt. Ein Meisterwerk der Zimmermannskunst stellt vor allem der Dachstuhl dar, der im Innenraum den Einbau eines hohen Muldengewölbes ermöglichte, das ursprünglich mit einem Sternenhimmel bemalt war.
Mehrfach wurde die Synagoge renoviert, wobei unter anderem die ovalen Ostfenster durch andere ersetzt und später ganz zugemauert wurden. Probleme bereitete das schwere Walmdach, das die Nord- und Südwand nach außen drückte, so daß Holzbalken durch das Muldengewölbe gezogen werden mußten. 1926 wurde das Gebäude unter Denkmalschutz gestellt. Bis 1938 diente es der jüdischen Gemeinde für ihre Gottesdienste. In der Nacht vom 9./10. November 1938 wurde die Synagoge von auswärtigen SA- und SS-Leuten demoliert, die Kultgegenstände auf dem nahegelegenen Sportplatz verbrannt.
1943 erwarb die Ortsgemeinde das Gebäude und wollte es als Turnhalle oder Lagerhalle nutzen. 1949 wurde es an die jüdische Gemeinde Stuttgart zurückgegeben, 1954 neu von der Gemeinde Freudental erworben, die es 1955 an einen Handwerksbetrieb veräußerte. Dieser machte das Haus durch etliche entstellende Umbauten für seine Zwecke nutzbar. Wegen des zunehmenden Verfalls war der Abbruch durch einen Beschluß des Freudentaler Gemeinderates Anfang Oktober 1979 schon kaum mehr aufhaltbar.

62 Ehemalige Synagoge in Freudental, Innenaufnahme während der Restaurierungsarbeiten.

Geschichte der Restaurierung

Der Beschluß des Freudentaler Gemeinderates 1979 mobilisierte eine Anzahl interessierter und engagierter Bürger aus Freudental und Umgebung, die sich 1980 zu einem »Förder- und Trägerverein ehemalige Synagoge Freudental e. V.« zusammenschlossen, der das Ziel hatte, die Synagoge zu erhalten und sinnvoll zu nutzen. Viele namhafte Persönlichkeiten unterstützten die Bemühungen des Vereins, dessen Vorsitz der Vorstandssprecher der Stuttgarter Gesellschaft für christlich-jüdische Zusammenarbeit Heinz M. Bleicher übernommen hatte. Im März 1981 konnte der Verein für 110000 DM das Synagogengebäude vom bisherigen Besitzer kaufen. Gleichzeitig begannen erste Bauarbeiten und Planungen der Restaurierung unter den Architekten Walther-Gerd Fleck und Heinrich Kling. Bei den Restaurierungsarbeiten wurden im Dachstuhl in einer sogenannten Genisa (Aufbewahrungsort ausgedienter Schriften) zahlreiche wertvolle Gegenstände und Schriften gefunden, darunter Tora-Wimpel, Gebetsriemen, jüdische Kalender usw.

Nicht nur die Synagoge, die als Kulturdenkmal von besonderer Bedeutung gilt, wurde restauriert. In Nebengebäuden wurden 24 Übernachtungsmöglichkeiten in Einzel- und Zweibettzimmern, dazu Seminarräume und ein Kommunikationsraum im großen Gewölbekeller eingerichtet. Der gesamte Bauaufwand betrug 2,4 Millionen DM. Die denkmalbedingten Mehrkosten in Höhe von rund 900000 DM wurden als Zuschuß aus dem Schwerpunktprogramm Denkmalpflege des Landes Baden-Württemberg zur Verfügung gestellt. Die restlichen Kosten teilten sich andere öffentliche Stellen (Mittel aus dem Dorfentwicklungsprogramm, Stiftung Jugendmarke u. a.) sowie der Trägerverein mit Hilfe von Spenden. Am 17. Januar 1985 konnte das Gebäude als »Pädagogisch-kulturelles Centrum Ehemalige Synagoge Freudental e. V.« eingeweiht werden. Seither finden regelmäßig Seminare, Tagungen, Ausstellungen, Vorträge, Theaterabende und Konzerte im renovierten Synagogengebäude statt. Auch israelisch-deutsche Jugendbegegnungen werden durchgeführt.

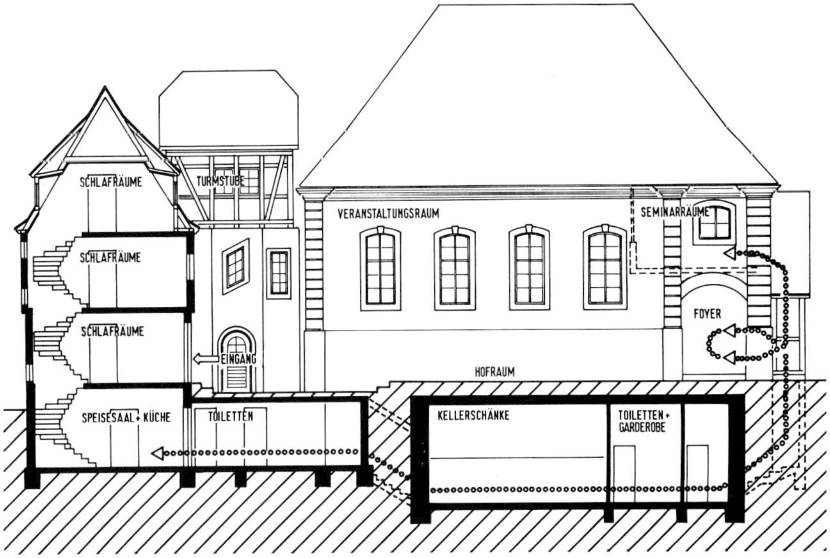

63 Übersichtsplan des »Pädagogisch-Kulturellen Centrums« in Freudental.

64 Ehemalige Synagoge in Freudental nach Abschluß der Restaurierungsarbeiten: Blick über den Synagogenhof.

Hechingen (Zollernalbkreis, 1982–1986)

Zur Geschichte der jüdischen Gemeinde

Die Geschichte der Stadt Hechingen und diejenige ihrer jüdischen Gemeinde sind auf das engste miteinander verflochten. Nur für wenige andere Städte im süddeutschen Raum läßt sich dies in ähnlicher Weise behaupten. In der Zeit, als die meisten Reichsstädte und das Herzogtum Württemberg die Juden vertrieben, wird in Hechingen 1490 ein erster jüdischer Bewohner genannt. Von da an wuchs die jüdische Gemeinde mit nur wenigen Unterbrechungen und Rückschlägen bis zur Mitte des 19. Jahrhunderts, als sich ein Viertel der Stadtbevölkerung zum jüdischen Glauben bekannte (um 1845 über 800 jüdische Bewohner). Durch Abwanderung in andere Städte (vor allem Stuttgart) ging danach die Zahl stark zurück.
Von der Mitte des 19. Jahrhunderts an machten jüdische Unternehmer Hechingen zu einem Zentrum der Textilindustrie. Durch die Verdrängung der Juden aus dem Wirtschaftsleben im Dritten Reich und ihre anschließende Vertreibung verlor Hechingen nach 1933 fast die gesamte selbständige Industrie, aber auch viele andere Gewerbebetriebe. Der Schaden wirkt teilweise bis heute nach.

Zur Geschichte der Hechinger Synagogen

Eine Synagoge bestand in Hechingen spätestens seit 1546, vermutlich am Platz des heute noch stehenden Synagogengebäudes in der Goldschmiedstraße. 1767 wurde hier eine neue Synagoge erbaut, wobei es sich um einen kuppelförmigen Versammlungsraum handelte, dem eine Wohnung für den Vorsänger vorgelagert war. 1761–1870 bestand auch eine Synagoge im jüdischen Stadtteil Friedrichstraße. 1803 wurde in der sogenannten Münz von der Hoffaktorenfamilie Kaulla eine weitere Synagoge (»Stiftssynagoge«) eingerichtet, neben der eine Talmud-Hochschule (Bet Hamidrasch) betrieben wurde, an der auch Berthold Auerbach studiert hat. So hatte Hechingen in der ersten Hälfte des 19. Jahrhunderts drei Synagogen.
Nach 1870 gab es nur noch die Synagoge in der Goldschmiedstraße, die 1850–1852 umgebaut und vergrößert worden war. Die vorgelagerte Vorsängerwohnung wurde damals zum Eingangsbereich, neue Emporen sorgten auch für ausreichenden Platz der beim Gottesdienst anwesenden Frauen. 1881 wurde das Gebäude nochmals gründlich restauriert. Es erhielt dabei das inzwischen wiederhergestellte klassizistische Erscheinungsbild. Am 10. November 1938 wurde die Synagoge von Reutlinger und Hechinger SA-Leuten unter Anleitung von Parteifunktionären in schlimmster Weise demoliert. Seither diente der Bau fremden Zwecken, bis 1940 als Turnhalle, dann als Rekrutierungshalle für Soldaten.
1946 kam das Gebäude durch Vermittlung der alliierten Streitkräfte in den Besitz der jüdischen Kultusgemeinde Stuttgart, die es wenige Jahre später an einen privaten Gewerbebetrieb in Hechingen verkaufte, der es für Lagerzwecke nutzte.

Geschichte der Restaurierung

Die Restaurierung der ehemaligen Hechinger Synagoge ist im wesentlichen das Verdienst eines privaten Fördervereins, der »Initiative Hechinger Synagoge«. Bereits in den sechziger und siebziger Jahren war von ehemaligen jüdischen Mitbürgern Hechingens der unwürdige Zustand der Synagoge bedauert worden, doch wurde kein Weg gefunden, daran etwas zu ändern. Auch das Angebot des Landesdenkmalamtes im Jahre 1975, die Instandsetzung aus Mitteln des Konjunkturprogramms zu fördern, wurde nicht aufgegriffen. 1979 wurde die Synagoge als Kulturdenkmal von besonderer Bedeutung in das Denkmalbuch eingetragen. 1982 ergriff eine Gruppe von Privatpersonen (der Verein hatte bald 80 Mitglieder, Vorsitzender Wilhelm Ekkenweiler) die Initiative zur Rettung des Gebäudes und gründete einen Trägerverein. Die ehemalige Synagoge konnte durch Spenden und mit Hilfe eines Zuschusses durch die Stadt aufgekauft werden. Erste Maßnahmen galten der Substanzsicherung, da das Dach inzwischen undicht geworden war. Die 1983–1986 durchgeführte gründliche Instandsetzung hatte als Ziel die weitgehende Wiederherstellung der Synagoge in ihrer ursprünglichen Form vor 1938. Dazu gehörten beispielsweise die mühevolle, vom Atelier Prof. Dr. H. D. Ingenhoff ausgeführte Restaurierung der blauen Himmelskuppel mit den zwölf Sternfeldern für die Stämme Israels und die Wiederherstellung der Frauenempore (die Galerie mußte anhand von Fotos rekonstruiert werden). Zu den modernen Zugeständnissen zählte der Einbau einer Elektrospeicher-Fußbodenheizung, um die früheren Bölleröfen an beiden Seiten ersetzen zu können. Im Zusammenhang mit der Instandsetzung, die Architekt Wolf Schwab ausführte, fand man im Dachstuhl eine Genisa (vgl. Freudental): Ausgediente Gebetbücher und andere hebräische bzw. jiddische Literatur waren hier aus nicht bekannten Gründen als eine Art »Isoliermaterial« verwendet worden. Die Funde wurden in der Restaurationswerkstatt der Tübinger Universitätsbibliothek soweit möglich wiederhergestellt und im Sommer 1985 auf dem 8. Judaistischen Weltkongreß in Jerusalem vorgestellt.

Für die Restaurierung wurden Kosten in Höhe von 1,35 Millionen DM veranschlagt, wozu das Land Baden-Württemberg einen Zuschuß bis 800 000 DM aus dem Schwerpunktprogramm Denkmalpflege beisteuert. Den Rest teilten sich der Förderverein, der Landkreis und die Stadt Hechingen.

Am 19. November 1986 konnte die »Alte Synago-

67 Ehemalige Synagoge in Hechingen nach Abschluß der Restaurierungsarbeiten 1987

68 Ehemalige Synagoge in Hechingen, Ostseite, nach Abschluß der Restaurierungsarbeiten 1987.

◁ 65 Synagoge in Hechingen, Innenansicht vor 1938.

◁ 66 Synagoge in Hechingen, Innenansicht nach den Zerstörungen am 10. November 1938.

ge«, wenn auch noch nicht in allen Teilen fertiggestellt, wiedereröffnet werden. Anwesend war dabei auch eine Gruppe früherer jüdischer Mitbürger aus Hechingen. Das Haus, in dem 300 Personen Platz finden, wird seitdem für kulturelle Veranstaltungen, insbesondere für Konzerte, Vorträge und Lesungen genutzt. Ein im März 1987 gegründeter Verein »Alte Synagoge« leitet die Arbeit in der Synagoge und organisiert das Kulturprogramm.

Kippenheim (Ortenaukreis, 1985–1987)

Zur Geschichte der jüdischen Gemeinde

Die Entstehung der jüdischen Gemeinde Kippenheims geht in das 17. Jahrhundert zurück. Erstmals wird 1676 ein Hirsch Levi am Ort genannt. 1684 waren vier jüdische Familien am Ort, die vom Viehhandel lebten. Im Laufe des 18. Jahrhunderts stieg die Zahl jüdischer Bewohner kontinuierlich an, um mit 305 Personen um 1875/1880 ihre höchste Zahl zu erreichen (15 Prozent der Einwohner). Im 19. Jahrhundert und bis zur Machtergreifung der Nationalsozialisten hatten die Kippenheimer Juden beträchtlichen Anteil am Wirtschaftsleben der Gemeinde. Mehrere jüdische Vereine waren sozial und kulturell tätig. Die Landflucht und die Auswanderung hat in Kippenheim auch ihre Wirkungen gehabt, wenngleich nicht in demselben Ausmaß wie in den meisten Landgemeinden. 1933 waren noch 144 Juden am Ort, von denen 31 Personen von den Nationalsozialisten verschleppt und ermordet wurden. Aus Kippenheim stammt die bekannte Historikerin Selma Stern-Täubler (1890–1981).

Zur Geschichte der Synagoge

Zunächst war vermutlich ein Betsaal vorhanden. 1793 wurde eine erste Synagoge eingerichtet, wozu ein ehemaliger Stall umgebaut wurde. 1851 wurde sie geschlossen, danach als Lagerraum und Schuppen benutzt (1980 abgebrochen).
1850/51 wurde nach den Plänen des Architekten Georg Jakob Schneider, der auch die Freiburger Synagoge erbaut hatte, eine neue Synagoge erstellt. Bis zur Pogromnacht am 9./10. November 1938 diente sie ihrer Bestimmung. In dieser Nacht wurden durch eine HJ-Abteilung der Gebietsführerschule Lahr die Inneneinrichtung völlig zerstört und die Gebotstafeln vom Giebel gerissen. Während des Krieges diente das Gebäude als Kriegsgefangenenlager. Nach 1945 wurde es als Werkstatt, 1955–1985 als Lager der Raiffeisengenossenschaft genutzt. Dabei wurden 1956–1957 umfangreiche Umbauten vorgenommen: Die beiden Zinnentürme wurden bis auf die Höhe des Schiffdaches abgetragen, die Eingangstreppen durch eine Betonrampe ersetzt, die mit einem Vordach versehen wurde. Dazu wurden die Fensterrosetten ausgebaut, die Rundfenster zugemauert und die Apsisnische an der Ostfassade abgebrochen.

Geschichte der Restaurierung

1982 wurde die ehemalige Synagoge in das Schwerpunktprogramm Denkmalpflege des Landes Baden-Württemberg aufgenommen. Zu den denkmalbedingten Mehraufwendungen der Restaurierung wurde ein Zuschuß von rund 700000 DM bewilligt. 1985 erwarb die Gemeinde das Synagogengebäude. Im Frühjahr 1986 wurden die Restaurierungsarbeiten mit dem Ziel aufgenommen, außen den ursprünglichen Zustand wiederherzustellen. Als Vorlage diente den Architekten Karl Schaubrenner und Wilfried Gnädig eine historische Fotografie. Die Türme der Westfassade wurden wieder aufgerichtet, die Betonrampe entfernt und durch eine Treppe ersetzt, die in die dreischiffig gewölbte Vorhalle hinaufführt. Die Außenflächen wurden mit weißem (Mauerflächen) und rotem (Eckenlisenen, Profilsteine, Gesimse, Zinnen) Sandstein verblendet. Ornamentierung und Bauplastik konnten anhand von Profilfragmenten rekonstruiert werden, die bei der Aushebung des Betonfußbodens gefunden wurden. Auch die Gebotstafeln wurden wieder auf den Giebel der Westfassade aufgesetzt, jedoch ohne den hebräischen Text der Zehn Gebote. Die Außenrestaurierungen konnten im Frühjahr 1987 abgeschlossen werden.

69 Synagoge in Kippenheim (historische Aufnahme vor 1938).

Seitdem ist die ehemalige Synagoge an einen Restaurator vermietet und dient als Atelier und Werkstatt. 1987/88 wird eine Innenkonservierung des Gebäudes vorgenommen; eine darüber hinausgehende Rekonstruierung fehlender Teile (Empore usw.) ist nicht vorgesehen. Das Gebäude ist auch der Öffentlichkeit zugänglich. In der Vorhalle der Synagoge wird eine Gedenkstätte für die jüdische Gemeinde Kippenheims eingerichtet.

Hemsbach (Rhein-Neckar-Kreis, 1985–1987)

Zur Geschichte der jüdischen Gemeinde

Die Anfänge der jüdischen Gemeinde in Hemsbach gehen in die Zeit des 17. Jahrhunderts zurück. 1661 wird erstmals ein jüdischer Einwohner genannt, bis 1687 erfährt man die Namen von 13 Hemsbacher Juden. Der alte jüdische Friedhof im Osten der Stadt, auf dem auch zahlreiche jüdische Gemeinden der Umgebung ihre Verstorbenen beigesetzt haben, geht gleichfalls in das 17. Jahrhundert zurück. Die höchste Zahl jüdischer Bewohner wurde um 1846 mit 142 Personen erreicht, ungefähr ein Zehn-

70 Synagoge in Kippenheim (historische Aufnahme vor 1938).

71 Ehemalige Synagoge in Kippenheim, 1955–1985 als Lager der Raiffeisengenossenschaft genutzt; Zustand vor Beginn der Restaurierungsarbeiten.

tel der Stadtbevölkerung. 1933 waren es noch 54 jüdische Einwohner, die einige für die Stadt wichtige Gewerbebetriebe besaßen, darunter eine Zigarrenfabrik und verschiedene Warengeschäfte. Mindestens 15 Personen kamen nach der Deportation in Lagern Südfrankreichs und des Ostens ums Leben.

Zur Geschichte der Synagoge

Zunächst wurden die Gottesdienste in Betsälen jüdischer Privathäuser gefeiert, bis 1845 vermutlich in einem Haus an der ehemaligen pfälzischen Zollstätte (Anbau zum Wehrtorhaus). In ihm war auch ein rituelles Bad untergebracht. 1843 kaufte die jüdische Gemeinde im Ortskern von Hemsbach ein Anwesen in der Mittelstraße. 1845 wurden von Baumeister Valentin Fuchs Pläne für eine Synagoge mit Schule, Lehrerwohnung und einem Badhaus angefertigt, die noch im selben Jahr verwirklicht werden konnten. Das Gebäude wurde im Rundbogenstil erbaut. Im zweigeschossigen Hauptbau befand sich im östlichen Teil der Betsaal mit einer Frauenempore. Im westlichen Teil war im Erdgeschoß das Schulzimmer, im Obergeschoß die Lehrerwohnung untergebracht. An der Südseite des Synagogenhofes wurde ein Badhaus mit rituellem Bad erstellt. Nach einem Brand mußte 1895 der Dachstuhl neu gebaut werden. Kleinere Umbauten und Renovierungen wurden 1906 vorgenommen.
Am 10. November 1938 brachten auswärtige SA-Leute in der Synagoge eine Sprengladung zur Explosion, wodurch beträchtliche Zerstörungen angerichtet wurden. Eine Inbrandsetzung wurde durch Nachbarn verhindert, die ein Übergreifen der Flammen auf andere Gebäude befürchteten. In das Gebäude zog wenig später eine Matratzenfabrik ein. Nach 1945 diente es als Unterkunft für Flüchtlingsfamilien, nach 1960 bis 1984 für ausländische Mitbürger. Der ehemalige Betsaal wurde durch Trennwände und Zwischenböden völlig verändert.

72 Ehemalige Synagoge in Hemsbach, Zustand vor Beginn der Restaurierungsarbeiten.

Geschichte der Restaurierung

Erste Überlegungen für eine sinnvollere Nutzung des baulich inzwischen völlig heruntergekommenen Gebäudes wurden um 1980 angestellt. 1981 erwarb die Stadt die ehemalige Synagoge. 1982 wurde sie als Kulturdenkmal von besonderer Bedeutung in das Denkmalbuch eingetragen und genießt damit verstärkten Schutz (§ 12 des Denkmalschutzgesetzes von Baden-Württemberg). 1982 begann auch eine Projektgruppe der Schiller-Hauptschule, eine Dokumentation zur Geschichte der jü-

73 Ehemalige Synagoge in Hemsbach nach Abschluß der Restaurierungsarbeiten 1987.

dischen Gemeinde in Hemsbach zu erstellen, die 1984 abgeschlossen und der Öffentlichkeit vorgestellt werden konnte. 1984 bildete sich ein »Förderverein Ehemalige Synagoge in Hemsbach e. V.« (Vorsitzende Margret Richter). Die Restaurierungsarbeiten unter dem Architekten Friedrich Reidel konnten 1985 beginnen. Die Mitglieder des Vereins und Schüler der Hemsbacher Haupt- und Realschule unternahmen im Juli 1985 eine große Entrümpelungsaktion, um die sich im Gebäude seit 1940 angesammelten großen Gerümpelmengen auszuräumen. Die Restaurierungen wurden im Herbst 1987 mit der Erneuerung des Badhauses abgeschlossen. Ziel der Arbeiten war es, den alten Zustand der Gebäude soweit wie möglich wiederherzustellen.

Im September 1987 wird die restaurierte ehemalige Synagoge wieder eingeweiht. Ein erstes Konzert im ehemaligen Betsaal, in dem unter anderem die ursprüngliche Deckenbemalung mit ihren großen Sternen wieder aufgetragen wurde, fand bereits im März 1987 statt. Der Betsaal soll auch künftig für kulturelle Zwecke dienen, die der Würde des Hauses entsprechen. Das ehemalige Badhaus wird als Gedenkstätte für die ehemalige jüdische Gemeinde hergerichtet. In ihr finden auch die Gedenktafeln mit den Namen der in den Vernichtungslagern umgekommenen Hemsbacher Juden einen endgültigen Standort. Seit 1984 waren diese Tafeln provisorisch im Sitzungssaal des Alten Rathauses angebracht worden.

(Werbach-)Wenkheim (Main-Tauber-Kreis, seit 1986)

Zur Geschichte der jüdischen Gemeinde

In Wenkheim bestand eine jüdische Gemeinde seit dem 16. Jahrhundert. Erstmals werden 1576 jüdische Bewohner am Ort genannt. Ihre Zahl erreichte 1880 mit 181 Personen ihren Höhepunkt. Danach ging sie zurück. Von den 1933 noch ansässigen 46 Personen, die Viehhandelsgeschäfte, eine Altwarenhandlung, eine Mazzenbäckerei und ein Textilgeschäft betrieben, kamen 1933–1945 mindestens zwölf Personen in Vernichtungslagern ums Leben.

Zur Geschichte der Synagoge

Zunächst feierte die jüdische Gemeinde ihre Gottesdienste vermutlich in Betsälen jüdischer Wohnhäuser. 1841 wurde ein jüdisches Gemeindezentrum mit Synagoge, Schulraum, Lehrerwohnung und rituellem Bad innerhalb desselben Gebäudes in der Breiten Straße erbaut. Das Gebäude wurde aus heimischen Natursteinen erstellt und unterscheidet sich von der Straßenseite her (Westfassade) kaum von einem Wohnhaus. An den Längsfassaden kennzeichnen relativ klein gehaltene Rundbogenfenster den Standort des Betsaales; über dem Eingang wurde eine hebräische Inschrift aus Psalm 118,20 (»Dies ist das Tor zum Herrn, die Gerechten ziehen durch es hinein«) mit goldener Farbe ausgemalt. Die Ostfassade zeigt neben zwei höheren Rundbogenfenstern links und rechts der Nische für den Toraschrein ein Rundfenster mit sternförmigem Maßwerk. Bald nach der Demolierung der Synagoge und ihrer Inneneinrichtung am 9./10. November 1938 ging das Gebäude in den Besitz der Gemeinde Wenkheim über, die es, ohne Eingriff in die bauliche Substanz, zu einem Wohnhaus umnutzte. Auch der Betsaal mit Empore blieb weitgehend unberührt.

74 Ehemalige Synagoge in (Werbach-)Wenkheim, Zustand 1987.

75 Ehemalige Synagoge in (Werbach-)Wenkheim, Ostwand, Zustand 1987.

Geschichte der Restaurierung

1983 wurden von seiten der evangelischen Kirchengemeinde Überlegungen angestellt, das ehemalige Synagogengebäude als evangelisches Gemeindehaus zu nutzen. Die Pläne zerschlugen sich. 1984 wurde ein »Verein zur Erforschung jüdischer Geschichte und Pflege jüdischer Denkmäler im tauberfränkischen Raum« (Vorsitzender Hans-Georg Ghiraldin) gegründet. Der Verein stellte sich zur Aufgabe, das Gebäude der ehemaligen Wenkheimer Synagoge instandzusetzen, zu pflegen und der Öffentlichkeit als Kulturdenkmal und als Dokumentationsstätte des Judentums im tauberfränkischen Raum zu präsentieren. Zu den ersten Arbeiten gehörten die dringende Erneuerung des Daches und etliche Ausräumungsaktionen, die 1986 durchgeführt wurden. 1987 wurde die ehemalige Synagoge in das Denkmalnutzungsprogramm des Landes Baden-Württemberg aufgenommen und für ihre Instandsetzung ein Zuschuß von 175000 DM bewilligt. Die eigentliche Restaurierung wird 1988/89 durchgeführt werden. Das Gebäudeäußere und der gesamte Außenbereich sollen neu gestaltet werden; der Betsaal mit seiner erhaltenen Stuckkassettendecke und der Empore mit der Gitterabschrankung werden instandgesetzt. Vielleicht werden in dem Gebäude auch wieder einmal jüdische Gottesdienste gefeiert. Eine kleine jüdische Reformgemeinde aus dem Raum Main-Spessart hat ihr Interesse bekundet.

76 Ehemalige Synagoge in (Werbach-)Wenkheim, Innenaufnahme vor Beginn der Restaurierungsarbeiten (1987).

(Obersulm-)Affaltrach (Kreis Heilbronn, seit 1986)

Zur Geschichte der jüdischen Gemeinde

In Affaltrach lebten Juden unter dem Schutz des Johanniterordens seit dem 17. Jahrhundert. Die erste Erwähnung eines jüdischen Einwohners stammt aus dem Jahr 1600. Mitte des 18. Jahrhunderts waren es neun bis zwölf Familien, die in dieser Zeit vom Handel mit Vieh, Leder und Gütern sowie von kleineren Geldgeschäften lebten. Bis zum 19. Jahrhundert nahm die Zahl jüdischer Bewohner zu und erreichte 1858 ihre Höchstzahl von 219 Personen. Zeitweise gehörten zur jüdischen Gemeinde auch die Eschenauer Juden. Die Gottesdienste wurden vielfach gemeinsam abgehalten.
Viele jüdische Bewohner Affaltrachs verzogen in der zweiten Hälfte des 19. Jahrhunderts nach Heilbronn, als ihnen hier die Niederlassung wieder möglich war. 1933 bestanden am Ort noch ein

Manufakturwarengeschäft und eine Viehhandlung, die alteingesessenen jüdischen Familien gehörten. Von den 1933 in Affaltrach wohnenden 19 jüdischen Personen wurden mindestens vier nach der Deportation ermordet.

Zur Geschichte der Synagoge

Bereits 1701 wird eine »Judenschule« (Synagoge) genannt, die in einem jüdischen Privathaus eingerichtet war. 1820–1824 wurde sie vergrößert. Dabei wurde eine Frauenempore eingerichtet. Das Gebäude befand sich freilich wenige Jahre später in so baufälligem Zustand, daß eine Renovierung nicht mehr möglich war. Ein Neubau war unumgänglich. Bis dieser verwirklicht wurde, besuchten die Affaltracher Juden einige Jahre die Gottesdienste in Eschenau.

1850/51 wurde nach Plänen des Oberamtswerkmeisters Bürk eine neue Synagoge in der Unteren Gasse erstellt. In ihr waren auch ein Schulraum, eine Lehrerwohnung und ein rituelles Bad eingerichtet. Die Einweihung am 28. November 1851 wurde ein Festtag für die ganze Gemeinde Affaltrach. Die Synagoge war als zweigeschossiger Backsteinbau mit Walmdach errichtet worden, der Synagogenraum in der östlichen Hälfte ging über zwei Stockwerke. Eine an drei Seiten umlaufende Empore, die erhalten ist, wird von ornamentierten Stützen getragen. Die Fenster des Obergeschosses zeigen Rundbogenabschlüsse mit aufwendigen Holzunterteilungen (Vierpässe und Kleeblattbögen). Die Fensterbrüstungen weisen Reliefs mit geometrischen Mustern auf, von Werkmeister Bürk als »byzantinisches Schnitzelwerk« bezeichnet.

77 Ehemalige Synagoge in (Obersulm-)Affaltrach, Zustand 1987.

Das Gebäude diente als Synagoge bis zur Nacht vom 9./10. November 1938, als es von auswärtigen SA-Leuten schwer demoliert wurde. Die Inneneinrichtung wurde vollständig zerstört. Nach 1945 diente die ehemalige Synagoge als Notunterkunft und zu Lagerzwecken einer Möbelfirma. Im ehemaligen Betsaal war eine Zwischendecke eingezogen worden.

Geschichte der Restaurierung

Um 1980 wurden die ersten Überlegungen zu einer künftigen Nutzung des Synagogengebäudes angestellt. Einige türkische Familen hatten sich dafür interessiert, eine Koranschule in der ehemaligen Synagoge einzurichten, doch wurde dieser Plan nicht weiter verfolgt. 1982/83 stellten der Ortspfarrer von Affaltrach, die Lokalpresse, das Landesdenkmalamt und das Heilbronner Landratsamt Überlegungen zur Erhaltung und Nutzung des Gebäudes an. Aus einem sich bildenden Interessentenkreis um den Ortspfarrer Immanuel Nau entstand im Mai 1985 der »Verein zur Erhaltung der Synagoge Affaltrach«, der sich fortan intensiv um die Fragen der Erhaltung und Nutzung des Gebäudes kümmerte. Mehrere evangelische und katholische Geistliche aus dem Bezirk wurden entschiedene Befürworter einer Erhaltung und Mitglieder des Fördervereins (Vorsitzender Dekan Christoph Planck). Anfang 1987 zählte der Verein über 200 Mitglieder. Den entscheidenden Anstoß für die Durchführung der Restaurierung gab die Aufnahme der ehemaligen Synagoge in das Denkmalnutzungsprogramm des Landes Baden-Württemberg. Die Restaurierung, die 1987/88 durchgeführt wird, soll im Herbst 1988 abgeschlossen werden. Dabei soll der ursprüngliche Zustand wiederhergestellt werden. Der Zuschuß aus dem Denkmalnutzungsprogramm beträgt ca. 660000 DM. Die übrigen Kosten teilen sich der Förderverein, der Landkreis, die Stadt Heilbronn und die Gemeinde Obersulm. Das Gebäude wird voraussichtlich als Dokumentationszentrum und Museum für die Geschichte der jüdischen Gemeinden im Unterland sowie als Stätte der Begegnung dienen.

Rottweil (Kreis Rottweil, 1979–1981)

Zur Geschichte der jüdischen Gemeinde

In Rottweil bestand bereits im Mittelalter eine jüdische Gemeinde. 1315 wird das jüdische Wohngebiet, der »Judenort« genannt, in dem auch eine »Judenschule« (Synagoge) vorhanden war. Um 1500 wurden die jüdischen Bewohner vermutlich ausgewiesen, nachdem bereits die Judenverfolgung 1348/49 die Gemeinde schwer getroffen hatte.

Erst ab 1806 konnten sich jüdische Personen wieder in der Stadt niederlassen. Aus verschiedenen umliegenden Landgemeinden zogen daraufhin mehrere Familien nach Rottweil, so daß 1824 hier eine jüdische Filialgemeinde begründet werden konnte, die der Gemeinde in (Horb-)Mühringen unterstand. 1924 wurde die Rottweiler Gemeinde selbständig. Die höchste Zahl jüdischer Bewohner war um 1880 mit 134 Personen erreicht worden.

Das Verhältnis zwischen jüdischen und christlichen Einwohnern war bis in die Zeit des Nationalsozialismus überwiegend sehr positiv. In der einem jüdischen Einwohner gehörenden Wirtschaft »Zum Becher« trafen sich um die Jahrhundertwende der katholische und evangelische Stadtpfarrer, der jüdische Religionslehrer mit einigen Herren vom Landgericht und vom Gymnasium regelmäßig zum geselligen Dämmerschoppen. Von den 1933 in Rottweil wohnhaften 96 jüdischen Einwohnern kamen mindestens neun Personen nach der Deportation ums Leben; die anderen hatten zumeist noch rechtzeitig auswandern können.

Zur Geschichte der Synagoge

Die jüdische Gemeinde des 19./20. Jahrhunderts richtete bereits 1816 einen Betsaal in einem jüdischen Wohnhaus ein. 1849 wurde ein Raum im Gasthaus »Krone« für die Gottesdienste gemietet. 1857 wurde ein Synagogenfonds angelegt, 1858 eine neue Torarolle gekauft. Schließlich konnte 1861 in einem Haus in der Cameralamtsgasse ein großer Betsaal (Synagoge) eingerichtet und eingeweiht werden. 1922 wurde der Saal umfassend restauriert. Am 10. November 1938 zerstörten SA-Leute aus Rottweil und Schwenningen die Inneneinrichtung der Synagoge. Das Inventar wurde vor der Synagoge verbrannt. Nach 1938 diente das Gebäude zunächst als Teppichweberei, dann als Elektrogeschäft und schließlich als Unterrichtsraum mehrerer Fahrschulen. Die Wände wurden mehrfach überstrichen, der durch hölzerne Säulen dreigeteilte Betsaal durch Einbau von Zwischenwänden verkleinert.

Geschichte der Restaurierung

1979 wurden die zwei südlichen Achsen (ungefähr zwei Drittel) des ehemaligen Betsaals an den Stadtjugendring Rottweil vermietet. Die Jugendlichen entdeckten die ursprünglichen Bemalungen und restaurierten den Raum bis zum Mai 1981 auf eigene Kosten und in mühseliger Kleinarbeit in Absprache mit dem Landesdenkmalamt und unter Anleitung von Restauratoren. Der Raum sollte dem Stadtjugendring als Jugendraum zur Verfügung stehen. Kurz vor Fertigstellung der Restaurierung meldete der Besitzer der Fahrschule Eigenbedarf an und nutzt seither den Betsaal als Unterrichtsraum für seine Fahrschule.

Braunsbach (Landkreis Schwäbisch Hall, 1982–1984)

Zur Geschichte der jüdischen Gemeinde

In Braunsbach bestand eine jüdische Gemeinde seit dem 17. Jahrhundert. 1673 waren vier jüdische Familien am Ort. Von da an nahm ihre Zahl stetig zu und erreichte die höchste Zahl um 1843 mit 293 Personen. Das jüdische Wohngebiet lag unmittelbar unterhalb des Braunsbacher Schlosses; die ehemaligen jüdischen Wohnhäuser sind an ihrer zwei-, gelegentlich dreistöckigen Bauweise erkennbar. Von 1832 an war Braunsbach Rabbinatssitz; 1914 wurde das Rabbinat nach Schwäbisch Hall verlegt. Eine Straße in Braunsbach trägt die Bezeichnung »Im Rabbinat«. Von den 1933 in Braunsbach lebenden 39 Personen kamen mindestens 18 in Konzentrationslagern ums Leben.

Zur Geschichte der Synagoge

Zunächst war vermutlich ein Betsaal in einem jüdischen Wohnhaus vorhanden. 1732 konnte eine Synagoge erbaut werden, die bis zu ihrer Demolierung und Zerstörung ihrer Inneneinrichtung 1938 als Gotteshaus der jüdischen Gemeinde diente. Ihre Korbbogenfenster und das Tonnengewölbe waren die prägenden Merkmale dieser charakteristischen Landsynagoge des 18. Jahrhunderts. In der Pogromnacht im November 1938 demolierten SA-Leute die Inneneinrichtung des Gebäudes. Nach dem Krieg wurde das ehemalige Synagogengebäude mit amerikanischer Hilfe wieder aufgebaut und diente der Gemeinde seit 1952 als Turn- und Festhalle. Im Zuge dieses Ausbaus wurde im Westen (im Eingangsbereich der ehemaligen Synagoge) eine Bühne angebaut.

78 Synagoge in Braunsbach, 1732 erbaut, 1938 demoliert. ▷

Zur Geschichte der Restaurierung

Im November 1978 wurde am ehemaligen Synagogengebäude eine Gedenktafel angebracht. Die Tafel war von einem in der Schweiz lebenden jüdischen Bürger in Auftrag gegeben worden. 1982–1984 wurde das Gebäude im Zuge des Neubaus einer neuen Gemeindehalle um- bzw. angebaut. Die Anfang der fünfziger Jahre im Westen angebaute Bühne wurde wieder abgebrochen. Der Baukörper der Synagoge wurde in die Gesamtanlage der »Burgenlandhalle« integriert, so daß eine Nutzungseinheit entstand. Die ehemalige Synagoge dient seitdem als separate kleine Halle bzw. als Bühnenraum für die große Halle. Das typische Tonnengewölbe der ehemaligen Synagoge sowie die Korbbogenfenster konnten erhalten werden. Das Landesdenkmalamt unterstützte mit knapp 15000 DM die Erhaltungsmaßnahmen für die noch vorhandene alte Substanz des Gebäudes. Am 8. Juni 1984 wurde die Burgenlandhalle eingeweiht. Bis Oktober 1984 wurden noch Restarbeiten ausgeführt.

Weitere ehemalige Synagogengebäude in Baden-Württemberg und ihre derzeitige Nutzung

Früher Synagoge – heute Kirche oder Rathaus

Die Verwendung einer ehemaligen Synagoge als christliche Kirche ist eine ambivalente Angelegenheit. Einerseits wird die weiterbestehende würdevolle Nutzung des Gebäudes zumeist begrüßt. Auch unter denkmalpflegerischen Gesichtspunkten ist die Übernahme eines solchen Gebäudes durch eine christliche Kirche im allgemeinen unproblematisch, da zur weiteren Nutzung gewöhnlich keine schwerwiegenden, in die Bausubstanz eingreifenden Veränderungen vorgenommen werden müssen und für eine langfristige Nutzung und Erhaltung des Gebäudes gesorgt ist. Andererseits erinnert die Umwandlung der Synagoge in eine Kirche an die mittelalterlichen Zwangsenteignungen von Synagogen und ihre Weihe zu Kapellen und Kirchen. Dahinter stand die verbreitete christliche Ansicht, nach der die »alte«, heilsgeschichtlich »überholte« Synagoge durch die neue Ecclesia ersetzt werden müsse. Solange die christlichen Konfessionen immer noch ein ähnliches, wenngleich teilweise modifiziertes Selbstverständnis vertreten, bleibt diese negative Assoziation bestehen.

Die ersten Umwandlungen von Synagogen gab es an Orten, an denen die jüdischen Gemeinden sich im 19. Jahrhundert neue Synagogen erstellten oder nach Abwanderung ihrer Mitglieder aufgelöst wurden. 1882 ging die alte Synagoge Göppingens auf die evangelisch-methodistische Kirche über, die hier ihre Gottesdienste und Singstunden bis 1885 abhielt. Danach wurde das Gebäude zu einem bis heute bestehenden Wohnhaus umgebaut.

1914 erwarb die Bischöfliche Methodistenkirche das Gebäude der ehemaligen Synagoge in (Remseck-)Hochberg. Diese war 1828 in einfachen klassizistischen Formen erbaut worden. Damals betrug die Zahl jüdischer Einwohner mehr als ein Drittel der Ortsbevölkerung. Durch die Abwanderung der Hochberger Juden in die Städte (Ludwigsburg, Stuttgart) und ins Ausland ging ihre Zahl in der

79 Ehemalige Synagoge in (Remseck-)Hochberg), 1828 erbaut, seit 1914 ev.-meth. Kirche.

zweiten Hälfte des 19. Jahrhunderts stark zurück. 1910 waren nur noch zehn jüdische Einwohner am Ort. 1914 wurde die Gemeinde aufgelöst, die Synagoge dient seither als methodistische Kirche. Als Gottesdienstraum wird der Erdgeschoßbereich verwendet. Das Obergeschoß ist im Bereich der ehemaligen Frauenempore zu einem Abstellraum umgebaut. Eine Gedenktafel erinnert an die Geschichte des Gebäudes.

Einige Gebäude im nordbadischen Bereich erlebten einen mehrfachen Wechsel. Sie waren als Kirchen erbaut, später als Synagoge genutzt worden und wurden nach Auflösung der jüdischen Gemeinden wieder als Kirche verwendet (Bruchsal-Obergrombach, Schriesheim, Walldorf, s. S. 110ff.).

Nach 1945 wurden mehrere der 1938 geschändeten Synagogengebäude zu Kirchen umgebaut. An manchen Orten bestand durch den Zuzug zahlreicher Flüchtlingsfamilien die Notwendigkeit, alsbald geeignete Räumlichkeiten für die Gottesdienste einer neu zugezogenen konfessionellen Gruppe zu sorgen.

In (Adelsheim-)Sennfeld wurde 1951 das Gebäude der ehemaligen Synagoge an die katholische Kirchengemeinde verkauft. Bis zur Fertigstellung der neuen katholischen Kirche in Sennfeld (1961) wurde die Synagoge als katholisches Gotteshaus, seither als Vereinshaus benutzt. Ähnlich verlief die Geschichte der Synagoge in (Bopfingen-)Oberdorf. Hier machten um die Mitte des 19. Jahrhunderts Juden noch 40 Prozent der Ortsbevölkerung aus. Um 1950 zog die katholische Kirchengemeinde in das 1938 geschändete jüdische Gotteshaus ein. Das Gebäude wurde nur wenig umgebaut, ein kleines Glockentürmchen aufgesetzt. Mitte der sechziger Jahre wurde in Oberdorf eine neue katholische Kirche erbaut; seither dient das ehemalige Synagogengebäude als Lager eines Intallationsgeschäftes. Seit mehreren Jahren wurden immer wieder Pläne zu einer geeigneteren Nutzung und einer möglichen Restaurierung durchdacht, die jedoch bislang nicht verwirklicht wurden. Auch die Gründung eines Fördervereines kam noch nicht zustande. – 1951 wurde auch in (Ravenstein-)Merchingen die 1737 erbaute Synagoge als katholische Kirche geweiht. Ein Glockenturm und ein großes Kreuz an der Ostfassade (an der Stelle der 1938 zerstörten Apsis des Toraschreines) »christianisierten« das Gebäude in überdeutlicher Weise. 1983 wurden ein Gedenkstein und eine Gedenktafel am Gebäude angebracht. Der Gedenkstein zitiert die Mahnung des Paulus an die Christen in Rom, die Herkunft ihres Glaubens aus dem Judentum zu respektieren: »Nicht du trägst die Wurzel, sondern die Wurzel trägt dich« (Röm. 11,18).

Die jüdische Gemeinde in (Horb-)Rexingen hatte 1937 ihr hundertjähriges Bestehen ihrer in klassizistischem Stil erbauten Synagoge feiern können.

80 Ehemalige Synagoge in (Ravenstein-)Merchingen, 1737 erbaut, 1938 demoliert, seit 1951 kath. Kirche.

Am 9./10. November 1938 wurde sie von einem auswärtigen SA-Kommando in Brand gesetzt, wodurch das Inventar völlig vernichtet wurde. 1939 ist das Gebäude aus der Liste der denkmalwürdigen Objekte gestrichen worden, in die es 1927 eingetragen worden war. Im Krieg war in der ausgebrannten Synagoge ein Waffenarsenal der Munitionsfabrik Mauser. 1951/52 konnte sie als evangelische Kirche umgebaut werden. Durch Einziehen einer Zwischendecke entstand im oberen Teil des ehemaligen Betsaals ein evangelischer Gottesdienstraum. Im Erdgeschoß wurden Gemeindeeinrichtungen eingebaut, ein kleiner Glockenstuhl wurde auf das Gebäude aufgesetzt. 1984–1985 sind die Gemeinderäume neu gestaltet und renoviert worden. Leider konnte sich die evangelische Kirchengemeinde bis heute nicht zur Anbringung einer Gedenktafel an der Außenwand entschließen.

Der Umbau einer Synagoge in das Rathaus eines Ortes kam in (Riesbürg-)Pflaumloch zustande. Hier waren seit dem 15. Jahrhundert Juden ansässig. In der Mitte des 19. Jahrhunderts war fast die Hälfte der Einwohnerschaft jüdischen Glaubens. Freilich wanderten fast alle Juden bis um 1910 ab, darunter die Familie des späteren Geheimen Kommerzienrates Alexander von Pflaum (1839–1911), der in Stuttgart das von seinem Vater begründete Bankhaus Pflaum & Co. leitete und großes Ansehen genoß. Er war der letzte Besitzer des Synagogengebäudes in Pflaumloch und schenkte dieses 1907 der dortigen bürgerlichen Gemeinde. Das Gebäude wurde nach einem Umbau zunächst als Gemeindehaus, nach einer weiteren umfassenden inneren Umgestaltung seit 1963 als Rathaus der Gemeinde Pflaumloch (inzwischen der Gemeinde Riesbürg) benutzt. Äußerlich sind die Rundbogenfenster und der Rundbogenfries der im neuromanischen Stil erbauten Synagoge erhalten. Im Innern finden sich von der früheren Pracht der Einrichtung nur noch einige Deckengemälde über dem Dachboden. Eine Gedenktafel erinnert seit 1984 an die Geschichte des Hauses und an Alexander von Pflaum.

81 Ehemalige Synagoge in (Riesbürg-)Pflaumloch, 1844–1846 erbaut, 1907 geschlossen; seit 1963 als Rathaus genutzt.

Früher Synagoge – heute Wohnhaus

Bereits im 19. Jahrhundert wurden nicht mehr gebrauchte Synagogengebäude in Wohnhäuser umgebaut. 1872/73 erbaute die jüdische Gemeinde in Eppingen eine neue Synagoge. Der Vorgängerbau blieb erhalten und wurde zu einem Wohnhaus umgebaut, das bis heute mit einer sehenswerten und der Öffentlichkeit zugänglichen Mikwe (rituelles Bad) aus dem 16. Jahrhundert erhalten ist (1984/85 restauriert; die denkmalbedingten Mehrkosten von rund 35000 DM wurden aus Landesmitteln ersetzt).

82 Ehemalige Synagoge in (Riesbürg-)Pflaumloch, historische Innenaufnahme (um 1900).

83 Ehemalige Synagoge in (Riesbürg-)Pflaumloch; die letzten Reste der prachtvollen Innenausstattung finden sich heute auf dem Dachboden in Gestalt der alten Deckenbemalung.

In Rust (Ortenaukreis) erbaute die jüdische Gemeinde 1895 eine neue Synagoge. Auch hier wurde die alte Synagoge in ein bis heute bestehendes Wohnhaus umgebaut. So sind an beiden Orten, an denen die neuen Synagogengebäude inzwischen nicht mehr bestehen, die Gebäude der alten Betsäle noch erhalten. Ähnliches ist auch von den alten Synagogen in Weinheim und Rastatt zu berichten. Hier wurden 1906 bzw. 1907 neue Synagogen erstellt. Die alten Gebäude dienen seither als Wohnhäuser. In Weinheim sind noch einige Balkenrundbögen der Fenster als Hinweise auf den sakralen Stil erhalten, die allerdings zur Hälfte verputzt sind. In Rastatt wurde 1982 der Torbogen der alten Synagoge wiederentdeckt. Er befand sich unter Eternitplatten des Gebäudes, das 1829–1906 Synagoge war und danach zu einem Wohnhaus umgebaut wurde. An weiteren, vor 1930 zu Wohnhäusern umgebauten Synagogen seien genannt (jeweils mit Jahr des Umbaus): (Bad Friedrichshall-)Kochendorf (1925), (Bretten-)Bauerbach (1890), (Bretten-)Diedelsheim (1920), (Crailsheim-)Goldbach (1874), Dörzbach (1904), Durbach (vor 1900), (Eppingen-)Mühlbach (19. Jh.), (Forchtenberg-)Ernsbach (1925), (Gaggenau-)Hörden (1928), Göppingen (alte Synagoge, 1885), (Haßmersheim-)Hochhausen (1914), (Horb-)Mühlen (1924), Igersheim (um 1900), (Königheim-)Gissigheim (1894), Massenbachhausen (1865), Mulfingen (1902), (Obersulm-)Eschenau (1904), Reilingen (1929), (Rielasingen-)Worblingen (1906). Alle Gebäude sind bis heute erhalten.

Auch ein Großteil der Synagogengebäude, die die Zeit der nationalsozialistischen Gewaltherrschaft überstanden haben, wurden nach 1938/1945 zu Wohnhäusern umgebaut, viele davon unmittelbar

84 Synagoge in (Forchtenberg-)Ernsbach, 1855 erbaut, 1925 geschlossen.

85 Derzeitiger Zustand des Gebäudes der ehemaligen Synagoge in (Forchtenberg-)Ernsbach, als Wohn- und Geschäftshaus genutzt.

86 Ehemalige Synagoge in Reilingen, 1841 erbaut, 1929 geschlossen und zu einem Wohnhaus umgebaut.

87 Ehemalige Synagoge in Meckesheim, nach 1830 erbaut, 1937 verkauft und zu einem Wohnhaus mit Werkstatt umgebaut.

nach Ende des Zweiten Weltkrieges als provisorische Unterkünfte für Füchtlingsfamilien. In der Not der damaligen Zeit spielten die Fragen des Denkmalschutzes nur eine geringe Rolle, wichtiger war die Bereitstellung ausreichender Unterkünfte. Viele ehemalige Synagogengebäude wurden alsbald für diese Zwecke herangezogen, der Umbau war relativ unproblematisch: Eine Zwischendecke auf Höhe der Frauenempore unterteilte den ehemaligen Betsaal in zwei getrennte Stockwerke, Zwischenwände den dadurch erhaltenen Wohnraum. Leider wurde in den meisten Fällen auch die Außenansicht der Gebäude völlig verändert. Hohe Rundbogenfenster verschwanden durch den Umbau. Äußerlich unterschied oft nichts mehr das ehemalige Synagogengebäude von einem gewöhnlichen Wohnhaus.

Charakteristische Beispiele für derartige Umbauten sind die Gebäude u. a. in (Bad Mergentheim-) Markelsheim (1954 umgebaut), (Dörzbach-)Hohebach (nach 1945 umgebaut), Meckesheim (1937 verkauft, seither Wohnung und Werkstatt), Oedheim (1966 umgebaut), (Weikersheim-)Laudenbach (nach 1945 umgebaut). Bei größeren Umbauten wurde vielfach auch der Dachstock verändert (in Weikersheim-Laudenbach heute Satteldach statt früherem Walmdach), auch wurden häufig die am Haus befindlichen Türsturzinschriften und Hochzeits-Steine entfernt bzw. verputzt (z. B. Bad Friedrichshall-Kochendorf, Obersulm-Eschenau, Oedheim). Bei künftigen Restaurierungen könnten sie wieder sichtbar gemacht werden.

Früher Synagoge – heute Lagerhalle oder Fabrik

Die Nutzung ehemaliger Synagogengebäude als Lagerhallen und Fabriken bot sich an einigen Orten an, wo es entsprechende Interessenten dafür gab. Daß mit dieser Nutzung keine dem Gebäude angemessene Nutzung vorliegt, ist unbestritten, wenngleich in diesen Fällen unter Gesichtspunkten des Denkmalschutzes oft die wenigsten Umgestaltungen in der baulichen Substanz vorgenommen wurden. Meist sind nicht einmal Zwischendecken und -wände in den ehemaligen Betsaal eingezogen worden.

Die Synagoge in Haigerloch war 1783 erbaut worden. Sie bildete den Mittelpunkt des jüdischen Wohngebietes im »Haag«. 1863 erwies sie sich als zu klein und dringend renovierbedürftig, so daß man sich zu einer Renovierung und Vergrößerung des Gebäudes entschloß. 1938 wurde sie von Angehörigen der SA Sulz a. N. so demoliert, daß sie nicht mehr zu Gottesdiensten benutzt werden konnte. 1939 erwarb die Stadt Haigerloch das Gebäude, während des Zweiten Weltkriegs diente es als Lager- und Maschinenraum. Nach 1945 wurde ein Kino, 1968 ein Lebensmittelgeschäft eingerichtet. Derzeit wird das Haus als Lager verwendet. In der Bausubstanz ist es in gutem Zustand. Durch den Verputz erkennt man bis heute andeutungsweise die zugemauerten Rundbogenfenster. Das Walmdach ist durch ein Satteldach ersetzt worden. Das Gebäude könnte äußerlich ohne große Schwierigkeiten in den alten Zustand versetzt werden.

In (Kippenheim-)Schmieheim war in der Mitte des 19. Jahrhunderts die Hälfte der Ortsbevölkerung jüdischen Glaubens. Die Synagoge wurde 1812 in spätbarock-klassizistischer Bauweise erstellt. 1843 und 1875 wurde sie renoviert. Unter Anführung eines Schmieheimer Nationalsozialisten wurde am 10. November 1938 die Synagoge in ihren Innenräumen völlig demoliert. Von den sieben Torarollen wurden einige in der Synagoge wie Teppiche auf dem Boden aufgerollt, andere am Bahnhof in Dinglingen als Schaustücke aufgehängt. Teppiche und Kultgegenstände wurden gestohlen. Das Synagogengebäude wurde wenig später zu einer Fabrik umgebaut und wird als solche bis heute genutzt.

Das Gebäude ist in seiner Bausubstanz in gutem Zustand. Teilweise wurden die Fenster umgebaut und vergrößert; an der Westfassade sind noch die alten Fensterbögen zu sehen.

Die Synagoge in (Bad Rappenau-)Heinsheim wurde 1796 erbaut. Längere Verhandlungen mit der Ortsherrschaft waren diesem Neubau vorangegangen. Es sollte nach ihrer Ansicht kein repräsentativer Bau »nach Art der Christen« verwirklicht werden. Allerdings wurden höhere Fenster im Hinblick auf die Frauenempore (den »Weiberstand«) genehmigt. Die Heinsheimer bauten darauf ihre Synagoge nach dem Vorbild der Freudentaler Synagoge, doch mußte »alles kleiner« gestaltet werden. Wegen der Abwanderung der jüdischen Gemeinde wurde die Synagoge 1936/1938 verkauft und entging dadurch einer Zerstörung im November 1938. Sie dient seither als Werkstatt und Lager. In den sechziger Jahren war ihr Abriß geplant, der glücklicherweise nicht verwirklicht wurde. Der Besitzer ließ inzwischen das Gebäude nochmals verputzen. In seinem Äußeren repräsentiert es in klassischer Weise eine Dorfsynagoge der Zeit des ausgehenden 18. Jahrhunderts. Über dem Eingang ist ein Hochzeits-Stein vorhanden.

In Weikersheim wurde eine Synagoge in spätbarock-klassizistischem Stil 1830 unmittelbar an der Stadtmauer erbaut, vermutlich auf dem Grundstück eines älteren Synagogengebäudes. Damals lebten in Weikersheim 140 Personen jüdischen Glaubens. Ihre Zahl ging im Laufe des 19. Jahrhunderts stark zurück. 1928 war die Gemeinde so klein, daß sie kein Minjan zu den Gottesdiensten mehr zustandebrachte. So mußte die Synagoge 1928 geschlossen werden und blieb dadurch 1938 unangetastet (nach anderen Quellen wurde sie demoliert). Im vorderen Teil des Gebäudes befand sich bis 1914 das Rabbinat und eine jüdische Schule. 1928 wurde das Synagogengebäude verkauft und dient derzeit als Schreinerei. Zahlreiche Spuren in ihrem Innern

◁ 88 Synagoge in Haigerloch, 1783 erbaut, 1938 demoliert (historische Aufnahme um 1925).

◁ 89 Ehemalige Synagoge in Haigerloch, derzeitiger Zustand.

90 Synagoge in Haigerloch, historische Innenaufnahme vor 1938.

Synagoge
Inneres der Synagoge
Schmieheim (Baden).

◁ 91 Ehemalige Synagoge in (Bad Rappenau-)Heinsheim, 1796 erbaut, 1936/38 verkauft und seither als Werkstatt und Lager benutzt.

◁ 92 Synagoge in (Kippenheim-)Schmieheim, historische Ansichtskarte.

◁ 93 Ehemalige Synagoge in (Bopfingen-)Oberdorf, 1812 erbaut, 1938 demoliert, nach 1945 kath. Kirche (daher Turmaufsatz), später und bis heute Lager eines Installationsgeschäftes.

◁ 94 Ehemalige Synagoge in (Kippenheim-)Schmieheim, 1812 erbaut, 1938 demoliert und zu einer Fabrik umgebaut (derzeitiger Zustand).

(Deckenmalereien mit einem traditionellen Sternenhimmel, Arkaden der Frauenempore u. a.) erinnern an die kultische Vergangenheit.

Früher Synagoge – heute Stall/Scheune

Bereits im 19. Jahrhundert wurden an mehreren Orten nicht mehr benutzte Synagogengebäude nach ihrer Schließung in landwirtschaftliche Gebäude umgewandelt. Die jüdische Gemeinde in Neckarsulm hatte bis um 1850 eine Synagoge, bei der es sich nach einer Beschreibung von 1901 um ein »höchst bescheidenes« Gebäude gehandelt hat. Es diente nach dem Verkauf als Scheune. 1945 wurde das Gebäude durch Kriegseinwirkungen zerstört. Die Synagogen in (Boxberg-)Angeltürn und (Boxberg-)Unterschüpf waren nach Abwanderung der jüdischen Dorfbewohner in der zweiten Hälfte des 19. Jahrhunderts nicht mehr benötigt worden. Die Unterschüpfer Synagoge wurde 1882 verkauft und in eine bis heute erhaltene Scheune umgewandelt. Die Angeltürner Synagoge wurde vor 1900 verkauft und danach als Scheune und Stall

95 Ehemalige Synagoge in Lauchheim, 1768/70 erbaut, 1938 demoliert, danach als Scheune genutzt, 1965 abgebrochen. Die 1964 erstellte Aufnahme zeigt den oberen Teil des Toraschreines (der untere Teil ist unter der auf Höhe der ehemaligen Frauenempore eingezogenen Zwischendecke verborgen) sowie die mit Brettern verschlossenen Fenster der Ostwand.

genutzt. 1981 wurde sie abgebrochen. Bis zuletzt waren im Innern die Korbbogenfenster erkennbar.
In (Bad Mergentheim-)Wachbach besteht das ehemalige Synagogengebäude bis zur Gegenwart. In ihm befand sich auch ein rituelles Bad, die Vorsängerwohnung und ein Schulraum. Über dem Eingang findet sich noch die Inschrift: »1822 – Haus Judenvorsteher«. 1902 wurde die Synagoge geschlossen, der Betsaal danach in eine Scheune umgewandelt. Bis um 1975 war das Haus bewohnt, seither steht es leer. Die Abbruchgenehmigung ist erteilt. Noch einige andere Gebäude mit ähnlicher Geschichte könnten hier genannt werden (u. a. Bad Mergentheim-Neunkirchen, Lauchheim, Massenbachhausen, Muggensturm). Bei den abgebildeten Gebäuden handelt es sich um die ehemaligen Synagogen in (Sinsheim-)Dühren, (Sinsheim-)Ehrstädt und (Rottenburg-)Baisingen.

Bei der Synagoge in Dühren handelt es sich um eines der kleinsten Synagogengebäude im Gebiet Baden-Württemberg. Erstaunlich ist, daß sich die Dührener jüdische Gemeinde, die zur Zeit der Erbauung des Gebäudes (1828/30) nicht einmal 40 Personen umfaßte, überhaupt ein eigenes Bethaus leisten konnte. 1877 wurde die Gemeinde aufgelöst, da die meisten Familien weggezogen bzw. ausgewandert waren. Seither wird das in der Substanz gut erhaltene Gebäude als Scheune und Garage benutzt.
Eine typische Dorfsynagoge liegt mit dem Ehrstädter Gebäude vor. Es wurde 1836 erbaut und nach Auflösung der jüdischen Gemeinde 1912 an eine Privatperson verkauft. Seither wird es als Stall und Scheune genutzt. Äußerlich zeugen eine hebräische Inschrift über dem Eingang (Ps. 118,20), ein Chuppa-Stein sowie dieArchitektonik (u. a. die

96 Ehemalige Synagoge in (Sinsheim-)Dühren, 1828/30 erbaut, 1877 geschlossen, heute als Scheune und Garage genutzt.

97 Ehemalige Synagoge in (Sinsheim-)Ehrstädt, 1836 erbaut, 1912 geschlossen und verkauft, seither als Stall und Scheune genutzt.

98 Ehemalige Synagoge in (Rottenburg-)Baisingen, 1782 erbaut, 1938 verwüstet, seitdem als Scheune genutzt.

Drillingsfenster an den Giebelseiten) von der kultischen Vergangenheit des Gebäudes. Im Gebäude war auch ein rituelles Bad untergebracht, wozu der Wasserlauf einer unweit davon entspringenden Quelle durch die Synagoge geleitet wurde. Die Gemeinde hat das Gebäude für die Liste der Kulturdenkmale des Landes angemeldet, weil es »als Mahnmal für zukünftige Generationen aus heimatgeschichtlichen und wissenschaftlichen Gründen im öffentlichen Interesse« steht. Freilich ist bis dahin noch viel zu unternehmen. Derzeit weist ein Schild am ehemaligen Eingang zur Synagoge auf den »tuberkulosefreien Bestand« der Tiere im Gebäude hin.

Die Synagoge der Baisinger jüdischen Gemeinde im »Judengässle« wurde 1782 auf einem der Ortsherrschaft (Familie Schenk von Staufenberg) gehörenden Platz erbaut. 1837 wurde sie vergrößert. In der Reichspogromnacht 1938 verwüsteten SA-Leute aus Horb und anderen Orten der Umgebung das Gebäude. Danach kam es in Privatbesitz und dient seit Jahren als Scheuer. Zahlreiche Spuren erinnern noch an die Vergangenheit als Synagoge (Empore, Sternendecke mit typischer blauer Bemalung). Das Gebäude ist freilich inzwischen in baufälligem Zustand. Äußerlich sind die Segmentbogenfenster fast alle zugemauert oder mit Holzlatten vernagelt. Seit einigen Jahren werden immer wieder Forderungen nach einer Erhaltung und Restaurierung des Gebäudes erhoben.

Gedenkstätten und Erinnerungsmale für Synagogen

Gedenksteine für nicht mehr bestehende Synagogen sind vereinzelt bereits vor der Zeit des Dritten Reiches aufgestellt worden. In (Horb-)Dettensee wurde die dortige jüdische Gemeinde nach Abwanderung der meisten Mitglieder 1928 aufgelöst, die Synagoge geschlossen und abgebrochen. Ein Pfeiler der Synagoge blieb erhalten und wurde auf dem jüdischen Friedhof als Grabstein des 1934 verstorbenen Hermann Hirsch verwendet. Auf ihm findet sich die Inschrift: »Dieser Grabstein ist zugleich dem Andenken an die Synagoge geweiht, in der er als Pfeiler diente.«

Die Geschichte der Erinnerungsmale für die 1938 zerstörten oder demolierten Synagogen beginnt in Baden-Württemberg ein Jahr nach der Kapitulation des Deutschen Reiches. Am 12. Mai 1946 fand in Konstanz auf dem Platz der zerstörten Synagoge eine Gedenkfeier statt. Die restlichen Steine der Synagoge hatte man zu einem Ehrenmal zusammengetragen und auf einem größeren Stein einen hebräischen Gedenkspruch angebracht. Eine hölzerne Gedenktafel enthielt die Übersetzung der Inschrift: »Hier stand die in den Jahren 1881–1883 von der israelitischen Gemeinde Konstanz errichtete Synagoge. Am 10. November 1938 wurde sie von der SS der NSDAP niedergebrannt.« Rabbiner Dr. Rothschild aus St. Gallen hielt eine Gedenkrede in der Hoffnung, daß dieser Stein Mahnmal für spätere Generationen werde. Nur wenige Jahre später wurde von unbekannten Tätern die Holztafel aus dem Boden gerissen. Man fand sie später im See. Der Vorfall führte dazu, daß der Gedenkstein auf den jüdischen Friedhof verbracht wurde, wo er in einem Birkenrondell bis heute zu sehen ist. Der Konstanzer Synagogenplatz blieb danach jahrelang ohne Gedenkstein in ziemlich verwahrlostem Zustand, bis er 1962/63 mit einem Geschäfts- und Wohnhaus überbaut wurde, an dem seither auch wieder eine Gedenktafel an die 1938 zerstörte Synagoge erinnert.

99 Gedenkstein für die 1938 zerstörte Synagoge in Konstanz auf dem dortigen jüdischen Friedhof.

Unmittelbar nach Kriegsende wurde auch in Heidelberg ein Gedenkstein auf dem Synagogenplatz aufgestellt. Da dieser auf dem als Parkplatz genutzten Anwesen kaum auffiel, mehrfach bekritzelt und

beschädigt wurde, kam er schließlich auf den jüdischen Teil des Bergfriedhofes. Auf dem Synagogenplatz wurde 1959 eine neue Gedenktafel angebracht, das Grundstück 1978 in würdiger Weise hergerichtet. Seitdem ist auch die Nutzung als Parkplatz nicht mehr möglich.
Nach diesen unmittelbar nach Kriegsende aufgestellten beiden Erinnerungsmalen, sollte es Jahre dauern, bis einige andere Gemeinden mit der Aufstellung von Gedenksteinen folgten. Der 20. Jahrestag der Reichspogromnacht 1958 führte in Gailingen, Laupheim und Ulm zur Anbringung von Gedenktafeln (Gailingen und Ulm) bzw. der Aufstellung eines Gedenksteines (Laupheim). Der Laup heimer Stein ist bereits vorbildlich gestaltet worden: In einen Kalkstein wurde eine Messingtafel eingefügt, die die Synagoge vor der Zerstörung zeigt. Der Text lautet: »Hier stand die im Jahre 1836 erbaute Synagoge der altehrwürdigen israelitischen Gemeinde. Dieses Gotteshaus wurde bei den Verfolgungen unserer jüdischen Mitbürger am 9. November 1938 zerstört.« 1984 wurde ein ergänzendes Schild mit der Übersetzung des Textes in englisch und hebräisch angebracht. In den sechziger und siebziger Jahren folgten weitere Erinnerungsmale für die zerstörten oder demolierten Synagogen zunächst nur sehr zögernd, seit dem 40. Jahrestag der Reichspogromnacht 1978 in auffallend zunehmender Zahl.

Einweihungen von Erinnerungsmalen

1959: Breisach, Ludwigsburg
1961: Sandhausen, (Stuttgart-)Bad Cannstatt
1962: Freiburg
1963: Karlsruhe
1964: Konstanz, Mosbach, Rastatt, Weinheim
1965: (Mannheim-)Feudenheim, Rust
1966: Bruchsal, Ettlingen, (Münsingen-)Buttenhausen
1967: Pforzheim, Philippsburg
1968 (30 Jahre Reichspogromnacht): Emmendingen. (Gottmadingen-)Randegg, (Öhningen-)Wangen
1969: Ettenheim
1971: Crailsheim, Göppingen
1973: Müllheim
1976: Baden-Baden, Ladenburg, Lörrach, Wertheim
1977: (Wiesloch-)Baiertal
1978 (40 Jahre Reichspogromnacht): Braunsbach, Offenburg, Öhringen, Schwetzingen, Tübingen, Villingen(-Schwenningen), Wiesloch

100 Gedenkstein für die 1938 zerstörte Synagoge in (Münsingen-)Buttenhausen.

101 Gedenkstein an der ehemaligen Synagoge in (Ravenstein-)Merchingen, seit 1951 kath. Kirche.

1979: Bretten, Eberbach, Hockenheim, Schwäbisch Gmünd
1980: Eppingen, Ihringen, Rottweil
1981: Bad Buchau, Freudental, Neckarbischofsheim, Weikersheim
1982: (Horb-)Mühringen
1983 (45 Jahre Reichspogromnacht): Bad Mergentheim, Buchen, Bühl, (Karlsruhe-)Grötzingen, Kehl, (Ravenstein-)Merchingen, Ravensburg, Talheim
1984: Reilingen, (Riesbürg-)Pflaumloch, (Waldshut-)Tiengen
1985: Gernsbach, (Heidelberg-)Rohrbach, Königheim, Malsch (KA), Schwäbisch Hall, Walldorf, Weingarten (KA)
1986: (Dörzbach-)Hohebach, Künzelsau, (Künzelsau-)Nagelsberg, Lichtenau, (Blaufelden-)Wiesenbach)

Einige der genannten Gedenktafeln erinnern an Synagogen, die bereits vor der Zeit des Dritten Reiches nicht mehr benutzt wurden (z. B. Riesbürg-Pflaumloch). Die Gedenktafel in Ravensburg ist am Standort der mittelalterlichen Synagoge angebracht. Sie erinnert an die im 19./20. Jahrhundert zugezogenen jüdischen Familien, die der Synagogengemeinde in Buchau angehörten. Nicht in allen Fällen wurden Erinnerungsmale für die Synagogen an deren ehemaligem Standort angebracht, da dies aufgrund von Einwänden der Grundstücksbesitzer oder aus anderen Gründen nicht möglich war. In Baden-Baden befindet sich die Gedenkstätte für die Synagoge auf dem jüdischen Friedhof. Zur Gestaltung des Steines wurden Bodenplatten aus der zerstörten Synagoge verwendet. Auch auf anderen jüdischen Friedhöfen finden sich Relikte der zerstörten oder abgebrochenen Synagogen (z. B. Müllheim, Wiesloch). In Ettenheim ist die Gedenktafel im Bürgersaal des Rathauses angebracht. In Kehl und Weingarten fanden sich Anbringungsmöglichkeiten an unweit davon stehenden Kirchen. In Künzelsau, Weinheim und Villingen wurden die Erinnerungsmale auf Nachbargrundstükken aufgestellt. In (Wiesloch-)Baiertal erinnert vor dem Bürgerhaus eine Säule der ehemaligen Synagoge mit einer Gedenktafel an das Gebäude.

Die Gedenktafeln und Gedenksteine sind sehr unterschiedlich ausgeführt. In manchen Fällen sind sie aufgrund ihrer bescheidenen Größe kaum zu entdecken (z. B. Wiesloch) oder sehr versteckt angebracht (z. B. Konstanz, Rust). Sehr unterschiedlich sind die Texte. In einigen Fällen sind biblische Verse (teilweise hebräisch und deutsch) zitiert, z. B. »Denn Tag und Nacht beweine ich die Erschlage-

nen der Tochter meines Volkes« (Jer. 8,23, Baden-Baden, Sandhausen); »Wahrlich, der Ewige ist an dieser Stätte, und ich wußte es nicht« (Gen. 28,16, Gailingen); »Das Wort unseres Gottes bleibt in Ewigkeit« (Jes. 40,8, Horb-Mühringen); »Schaut auf den Fels, aus dem ihr gehauen, und auf den Brunnen, aus dem ihr gegraben« (Jes. 51,5, Heidelberg-Rohrbach) oder auch ein Paulus-Zitat, das die Verbundenheit zwischen Christentum und Judentum ausdrückt: »Nicht du trägst die Wurzel, sondern die Wurzel trägt dich« (Röm. 11,18 an der ehem. Synagoge, jetzt katholische Kirche in Ravenstein-Merchingen). An einen Ausspruch des Baal Schem Tow (jüdischer Gelehrter des 18. Jh.) erinnert der Gedenkstein in Bad Mergentheim: »Das Geheimnis der Versöhnung heißt Erinnerung.« Einige Tafeln enthalten nähere Informationen zur Geschichte der am Ort bestehenden jüdischen Gemeinde (z. B. Emmendingen, Freudental, Schwetzingen). Vielfach wird in der Inschrift auch an die ehemaligen jüdischen Mitbürger und ihr Schicksal erinnert (z. B. Bretten, Künzelsau, Lichtenau, Pforzheim). Auf einigen Tafeln ist die zerstörte Synagoge dargestellt (Bad Buchau, Eppingen, Horb-Mühringen, Laupheim, Stuttgart-Bad Cannstatt), häufig werden zur Darstellung jüdische Kultsymbole verwendet (Davidstern, Menora, Gebotstafeln). Einige Texte drücken die Bedeutung der Erinnerungsmale aus: »... mahne unser Gewissen an die Wahrung von Menschlichkeit und Recht« (Crailsheim, Ludwigsburg); »Die Erinnerung an die Opfer ist Mahnung und Auftrag, die Würde des Menschen zu schützen« (Kehl). Etliche Texte an badischen Synagogenstandorten sind nach einem gleichlautenden Text verfaßt: »Hier stand die Synagoge der israelitischen Gemeinde... Sie wurde am 10. November unter der Herrschaft der Gewalt und des Unrechts zerstört.«
An gut durchdachten Texten seien zwei Inschriften herausgegriffen. Die Gedenktafel in Eppingen enthält die Worte: »Die Synagoge der Jüdischen Gemeinde Eppingen stand hier von 1873 bis sie in der Nacht vom 9./10. November 1938 zerstört und entweiht wurde. In Trauer verneigen wir uns heute vor den Opfern jener dunklen und unseligen Zeit des deutschen Volkes. Möge ähnlicher Schrecken allen künftigen Geschlechtern erspart bleiben. Die Stadt Eppingen am 40. Jahrestag der Zerstörung der jüdischen Gotteshäuser in Deutschland.« Im Bürgersaal des Rathauses Ettenheim wurde folgende Gedenkinschrift angebracht: »Seit dem Mittelalter lebten in Ettenheim Juden und Christen einträchtig zusammen. Im Jahre 1933 waren noch 31

102 Gedenktafel für die 1938 demolierte Synagoge in Bad Mergentheim.

103 Gedenktafel für die 1938 zerstörte Synagoge in Eppingen.

Juden ansässig. Unter der nationalsozialistischen Gewaltherrschaft wurden sie gedemütigt und vertrieben oder verschleppt. Ihre Synagoge in der Allee-Straße ist zerstört worden. Die Ritualien wurden entweiht, verbrannt oder geraubt. Wir wollen das Leid, das unseren jüdischen Mitbürgern widerfahren ist, nie vergessen. In Ehrfurcht gedenken wir der Toten, den Lebenden bleiben wir in Achtung und Duldsamkeit zugetan.«

Neben der Gestaltung der Gedenktafel und des Gedenksteines stellte sich vielerorts die Frage nach einer würdigen Gestaltung des ehemaligen Synagogengrundstücks. Hier bestand an den meisten Orten zunächst keinerlei Sensibilität. Die Grundstücke wurden in vielen Fällen neu überbaut, das Spektrum reicht von Tankstellen (z. B. Schwaigern-Massenbach, Künzelsau) über landwirtschaftliche Betriebe (z. B. Neidenstein, Krautheim), Sparkassen- und Bankgebäude (z. B. Eppingen, Jagsthausen-Olnhausen, Ulm), Parkplätze (z. B. Baden-Baden, Emmendingen), ein Feuerwehrhaus (Bruchsal), in vielen Fällen Wohn- oder Geschäftshäuser. In Eichstetten befindet sich bis zur Gegenwart innerhalb der noch bestehenden Grundmauerreste der zerstörten Synagoge ein Gemüsegarten, dessen Eingang dem alten Synagogeneingang entspricht. Andere Gemeinden haben sich um eine würdige Gestaltung des Synagogenplatzes bemüht, so sind die Grundstücke z. B. in Bad Buchau, Breisach, Göppingen, Karlsruhe, (Gottmadingen-)Randegg als würdevolle Parkanlagen mit Gedenksteinen hergerichtet. Eindrücklich ist in Bad Buchau eine große Trauerweide, die ein nach 1945 zurückkehrender jüdischer Mitbürger pflanzen ließ.

Trotz vieler erfreulicher Initiativen, die Erinnerung an eine ehemalige Synagoge nicht verblassen zu lassen, ist dennoch bei weitem noch kein Idealzustand erreicht. In mehr als der Hälfte aller Orte, an denen jüdische Gemeinden bestanden, findet sich bis heute keinerlei Erinnerungsmal für die jüdischen Mitbürger, ihr Schicksal und ihre ehemalige Synagoge.

Erinnerungen an die Synagoge

Texte ehemaliger jüdischer Mitbürger

Bruno Stern (1912–1981) entstammte einer alteingesessenen jüdischen Familie aus Niederstetten. Im April 1937 emigrierte er in die Vereinigten Staaten. Aus seinem Buch »Meine Jugenderinnerungen« (1968):

»Der Mittelpunkt der Gemeinden war die Synagoge. In Niederstetten war im gleichen Haus auch die israelitische Volksschule und eine Dienstwohnung untergebracht... Die Synagoge war in einem ›sachlichen‹ Stil erbaut. Das Innere machte einen überaus würdigen Eindruck. Ein großer Schrein für die Torarollen, zu dem eine weite steinerne Treppe emporführte, beherrschte den ganzen Raum. Vorne an der Seite war das Vorbeterpult. Von den Steintreppen führte eine kleine gewundene Treppe zur Kanzel. Die Redner, die von der Kanzel sprachen, konnten den ganzen Raum überblicken. Die Kanzel wirkte gebietend und Ehrfurcht heischend. Dies will freilich nicht heißen, daß das eine oder andere Gemeindeglied nicht doch einmal bei der Predigt einschlief. In der Mitte der Männersynagoge stand der Almemor. Hinter ihm befanden sich drei Bänke für Kinder. Zwei davon wurden aber in den zwanziger Jahren bei der Aufstellung eines Ofens entfernt. Kurz vor der Kanzel – zu ebener Erde – seitlich von den Männerbänken befand sich der Betstand des Rabbiners. Zu meiner Zeit war Niederstetten kein Rabbinatssitz mehr. Wenn der zuständige Bezirksrabbiner von Weikersheim, später von Mergentheim am Gottesdienst teilnahm, saß er dort. Links und rechts schlossen sich an diese zentrale, für die gottesdienstlichen Handlungen wichtige Gruppe die Reihen der Männerbänke an.

An der dem Ohron Hakodesch (Aron Hakodesch) gegenüberliegenden Seite befand sich der Eingang. Betrat man durch ihn die Synagoge, so kam man zuerst auf eine kleine Plattform, von der einige Stufen in den Männerraum hinabführten. Diese Anordnung entsprach einem alten Brauch, sagt doch der Psalmist: ›Aus der Tiefe steigt mein Gebet zu Dir empor...‹ Rechts und links von der Plattform führten Türen in die untere Abteilung der Frauensynagoge. Diese war etwas erhöht und durch eine einfache Holzbalustrade von der Männerschule getrennt. Direkt über dem Eingang und über der soeben beschriebenen Frauenabteilung befand sich noch eine große Frauengalerie, die so breit wie die ganze Synagoge war und deren Sitzreihen nach hinten stufenförmig anstiegen, so daß die Frauen, die hinten saßen, auch sehen konnten, was unten vor sich ging. Der Eingang zu dieser Frauenabteilung war eine Treppe hoch.

Die Sitze in den Männer- wie in den Frauenabteilungen waren sehr weit und bequem. Vor jedem war ein Pult mit einem verschließbaren Fach, in dem die zum Gebet notwendigen Bücher und Kultusgegenstände aufbewahrt werden konnten. Die Sitze, auch Stände genannt, waren verkäuflich und vererbbar. Wenn man einen Sitz hatte, so stand man sein ganzes Leben beim Gottesdienst dort.

Der Gebetsraum, vor allem die Männersynagoge,

war sehr hoch. Von der Decke herab hingen große kupferne Kronleuchter, die für Kerzen gedacht waren. Erst um die Zeit des Ersten Weltkrieges wurde elektrisches Licht eingeführt. Die elektrischen Lampen waren an den Seitenwänden angebracht. Der Kronleuchter in der Mitte wurde ebenfalls mit elektrischen Lampen versehen. An den hohen Feiertagen brannten aber auch noch später in den übrigen Kronleuchtern Kerzen. An einem Kerzenleuchter neben dem Vorbeterpult wurden die Jahrzeitlicher gebrannt...«

1937

»Am frühen Morgen gehen Vater und ich den altgewohnten Weg zum Gottesdienst. Ein letztes Mal höre ich die Stimme meines Freundes die althergebrachten Gebete nach vorgeschriebener Weise sagen. Um mich herum sind meist ältere Männer der Gemeinde, deren Leben kein leichtes war, was man ihren Gesichtern ansehen kann, und deren tiefer Halt zu allen Zeiten ihres Lebens ihre Religion war. Da stehen Männer, an denen die Jahre des Krieges nicht spurlos vorübergegangen sind, da stehen Männer, denen liebgewordene Angehörige in der Blüte ihres Lebens entrissen wurden, da stehen Männer, die ihr ganzes Leben lang zu kämpfen hatten für ihr tägliches Brot, und sie haben alle durchgehalten durch die Kraft, die die Religion ihnen gab. Es gibt mehr Glauben und mehr Kraft, wenn man diese Leute mit den ausgefurchten, ausgeprägten Gesichtern beten sieht, mit einer Inbrunst, wie sie nur Glaube, unerklärlicher Glaube hervorbringen kann.

Nochmals schaue ich mich um in dem Haus, in dem ich sozusagen groß geworden bin. Diese kleine Synagoge, sie ist nicht groß wie jene in den Städten, sie ist auch nicht so schön bemalt, auch nicht ganz so gut instandgehalten, aber sie ist unser Gotteshaus, in das wir, als wir drei Jahre alt waren die Wimpel trugen, wo wir jeden Freitag und Samstag Kiddusch- und Avdolohwein bekamen, wo wir am Ausgang des Schabbats die Kerzen halten durften. Es ist das Haus, in dem wir unter Zittern den Tag der Bar Mizwa erlebten. Es ist und war zu allen Zeiten der Treffpunkt der Gemeinde.

Wie lange werden wohl noch Leute hier sein? Die meisten meiner gleichaltrigen Freunde sind schon weg, und die anderen sind mit Auswanderungsplänen und Vorbereitungen beschäftigt. Ein letztes Mal gehe ich und küsse den Vorhang am heiligen Schrein. Da, wie ich so stehe, kommen all die Männer, die mich von Jugend an gekannt haben, auf mich zu und wünschen mir Glück, jeder in seiner Art, der eine mit einem kurzen Wort, der andere sucht gleichzeitig Trost zu geben, ein anderer macht einen Scherz und wieder ein anderer hat kein Wort, nur einen Druck der Hände. Allen sieht man die Aufrichtigkeit an, mit der sie es meinen. Es ist dies ein Augenblick, wo alles Gegnerische verschwindet. Während so die ganze Gruppe mir einen letzten Abschiedsgruß gibt, steht der Vater still vor Kummer und Erregung an seinem Platz und betet, betet aus der Tiefe seines Herzens für das Wohl seines Sohnes, den er und seine Frau großgezogen haben und der die Eltern nun verlassen muß.

Langsam gehen wir dem Ausgang zu. Das erstemal in meinem Leben, daß mir ein Gottesdienst zu kurz vorkam. Es war dies eben – auch wenn es kein besonderer Gottesdienst war – *mein Gottesdienst.*«

Hermann Fechenbach (1897–1986), entstammte einer alteingesessenen jüdischen Familie aus Bad Mergentheim. 1939 emigrierte er nach England. Über seinen ersten ihm in Erinnerung gebliebenen Synagogenaufenthalt schrieb er in seinem Buch »Die letzten Mergentheimer Juden« (1972):

»Jetzt rückte auch für mich die Zeit heran, daß ich zum ersten Mal am Schabbat die Synagoge besuchen durfte, um die von Mutter gestickten Wimpel mit meinem Namen zu überreichen. Schon seit Wochen hatte ich mich auf dieses für mich große Ereignis gefreut, ganz besonders deshalb, da man mir meine erste männliche Ausrüstung anprobierte und ich endlich richtige Bubenhosen erhielt. Nach all diesen Vorbereitungen kam der langerwartete Schabbattag. Man legte mir sehr ans Herz, in der Synagoge nicht zu sprechen und mich in jeder Beziehung ruhig zu verhalten. Doch der vollkommen neue Eindruck, der große Synagogenraum, die Galerie mit den Frauen und vor allem die vielen Männer, umhüllt mit schwarz und weiß gestreiften Gebettüchern, machten mich vor Staunen ganz von selbst sprachlos. Für kurze Zeit versank ich zwischen den hohen Gebetssitzen, die mir jegliche Aussicht versperrten, dann nahm mich Vater auf die Arme und trug mich zum Vorbeterpult. Hier übergab ich meine Wimpel und konnte zusehen, wie sie um die Torarollen gewickelt wurden. Vater brachte mich darauf zum Ausgang, wo unser Kindermädchen bereits wartete, um mich nach Hause zu geleiten..."

Augenzeugenbericht über die Ereignisse in der Pogromnacht vom 9./10. November 1938 in (Waldbrunn-)Strümpfelbrunn (Bericht eines ehemaligen jüdischen Strümpfelbrunners nach Simon Brückheimer »Der 10. November 1938«):
»Am 10. 11. 1938 wurde die Synagoge ausgeräumt und die Kultgeräte, darunter ein besonders altes und wertvolles Parochet aus der in der Nähe liegenden hessischen Ortschaft Hirschhorn, die Betpulte und Torarollen auf einer Wiese verbrannt. Die beiden Juden X und Y mußten die Torarollen auf die Wiese bringen. Eine Samtdecke, für das Pult des Vorbeters bestimmt, wurde an einer Stange aus einem Fenster der Synagoge herausgehängt. Die Synagoge wurde von einem Angrenzer um ca. 1100 Mark gekauft und das Grundstück später zu einem Garten verwendet. Das jüdische Restaurant wurde durch Brandbomben angezündet und ist, wie die daneben stehende, mit Vorräten aufgefüllte Scheune, bis auf die Mauern niedergebrannt. Dem X wurde ein Strick um den Hals gelegt und das Aufhängen angekündigt. Ob die SA das tatsächlich beabsichtigt hat, konnte nicht ermittelt werden. Jedenfalls hat der Ortsgendarm eingegriffen und X befreit. C mußte auf Befehl des SA-Führers die Liegestühle aus einem Nebengebäude herausholen. Da er dabei den Anführer ›angeblich‹ gestoßen haben soll, wurde er so geschlagen, daß er das Bewußtsein verlor. Die Mißhandlung wurde erst eingestellt, als der christliche Nachbar herüberschrie, daß es nun doch genug sei. Während der Vorgänge ist eine Rotte durch die Dorfstraßen gezogen und hat auf dem aus der Synagoge gestohlenen Schofar geblasen. In den jüdischen Häusern wurden die Möbel zusammengeschlagen. In einem Haus wurden silberne Becher und goldene Ringe gestohlen und in einem anderen die Weinfässer leer gesoffen. Von den schon älteren Männern ist niemand gefangen gesetzt worden. Vier christliche Bürger haben sich über diese Geschehnisse aburteilend geäußert. Sie wurden daher aufs Rathaus geladen und ihnen, bei Wiederholung solcher Bemerkungen, die Entziehung ihrer Rente angekündigt.«

Augenzeugenbericht über die Ereignisse in der Pogromnacht vom 9./10. November 1938 in (Kippenheim-)Schmieheim (Bericht eines ehemaligen jüdischen Schmieheimers nach Simon Brückheimer, »Der 10. November 1938«):
»Unter Anführung des von Schmieheim stammenden Lerch wurde am 10. 11. die Synagoge in ihren Innenräumen zusammengeschlagen. Von den 7 Torarollen wurden einige in der Synagoge wie Teppiche auf dem Boden aufgerollt, andere am Bahnhof in Dinglingen als Schaustücke aufgehängt. Parochot und samtene Pultdecken wurden aus der Synagoge gestohlen, die anderen Ritualien zerschnitten

oder zerschlagen. Das Torasilber, soweit es nicht privat aufbewahrt war, ist verschwunden. Die schönen Bodenteppiche wurden zum Rathaus gebracht und dort aufbewahrt. Im Schulhause, worin sich schon längere Zeit eine christliche Schule befand, wurde nur im Gemeinde-Zimmer die Bibliothek auf den Boden geworfen und die Gemeinde-Kasse mitgenommen. Dem im Hause wohnenden Y, der auch geschlagen wurde, hat man seine sämtlichen Sachen durchwühlt und sein Geld abgenommen, das aber später wieder zurückerstattet wurde. Es wurde bekannt, daß die politische Gemeinde die Grundstücke der jüdischen kaufen wollte. 28 Männer kamen nach Dachau. Darunter waren Leute bis 84 Jahre. Alle mußten von Schmieheim zu dem 10 Kilometer entfernten Lahr zu Fuße gehen. Auch ein Amerikaner, dem diese Feststellung mit: ›Du bist ein Jud!‹ beantwortet wurde, kam nach Dachau, von wo er erst nach 8 Tagen entlassen wurde. Emanuel Dreifuß, der bei seiner Verhaftung mit dem Fuße getreten wurde und schon einige Zeit vorher leidend war, ist in Dachau gestorben. Leopold Schnurmann starb einen Tag nach seiner Rückkehr. Auf dem alten Bezirksfriedhof, dem auch die Gemeinden in Friesenheim, Kippenheim, Ettenheim, Altdorf und Lahr angeschlossen waren, wurden die Grabsteine umgeworfen, die Gedenktafel für die Gefallenen im Ersten Weltkrieg, die sich in der Friedhofshalle befand, zertrümmert und diese selbst angezündet. Der Brand wurde aber noch rechtzeitig von dem Ortspfarrer und anderen Einwohnern gelöscht. Die Bänke darin und der Ofen wurden gestohlen. Später am Tage des 10. November kamen Arbeiter aus den Fabriken der Holzindustrie in Ettenheim, geschickt von dem Leiter derselben, um die Einrichtungen der jüdischen Häuser zu demolieren. Der Ratschreiber, Pfarrer, ein Besenfabrikant aus Schmieheim und viele Bauern traten diesen Gesellen mit Harken und Peitschen entgegen und trieben sie zum Orte hinaus. In der Nacht vom 10. zum 11. November patroullierten sogar die Einwohner auf den Straßen des Ortes, damit nichts passiere.«

Ehemalige und derzeit benutzte Synagogen in Baden-Württemberg

In dieser Liste sind alle Synagogen und Betsäle genannt, die bis nach 1900 benutzt wurden. Außerdem werden einige Gebäude erwähnt, die noch im 18./19. Jahrhundert benutzt wurden und erhalten sind.
Bei Gebäuden, die erhalten sind, findet sich in Klammer eine Anmerkung zum Erhaltungszustand. Eine grobe Beurteilung wurde nach folgenden Kategorien vorgenommen: (x) = wenige Reste erhalten, (xx) = umgebaut, daher kaum erkennbar, (xxx) = umgebaut, noch deutliche Reste erkennbar, (xxxx) = (vor allem äußerlich) kaum verändert, besonders viel erhalten. S = Synagoge, B = Betsaal

Alb-Donau-Kreis/Stadtkreis Ulm

Ulm (Neue Str. 66/Weinhof): S 1871–1873 erbaut, 1938 zerstört, nichts erhalten, Gedenktafel vorhanden.

Stadtkreis Baden-Baden

Baden-Baden (Stephanienstr. 5): S 1897/98 erbaut, 1938 zerstört, nichts erhalten, Gedenkstein für Synagoge auf jüdischem Friedhof in Lichtenthal.
(Werderstr. 2): B 1956 eingerichtet

Kreis Biberach

Bad Buchau (Ecke Hofgartenstr./Schussenrieder Str.): S 1837/38 erbaut, 1938 zerstört, nichts erhalten, Gedenkstein vorhanden.

Laupheim (Bronner Str./Synagogenweg): S 1836/37 erbaut, 1877 umgebaut, 1938 zerstört, nichts erhalten, Gedenkstein und Hinweistafel vorhanden.

Kreis Breisgau-Hochschwarzwald / Stadtkreis Freiburg im Breisgau

Breisach (Ecke Rheintorstr./Klosterle): S 1830/1840 erbaut, 1938 zerstört, nichts erhalten, Gedenkstein vorhanden.

Eichstetten (Altweg 10): S 1829/30 erbaut, 1938 zerstört, Reste der Ruine (untere Teile der Umfassungsmauern) erhalten. (x)

Freiburg (Werthmannplatz/Rotteckring): S 1869/70 erbaut, 1925/26 umgebaut, 1938 zerstört, nichts erhalten, Gedenkstein vorhanden.
(Holbeinstr. 25): B 1953 eingerichtet.
(Nußmann-/Engelstr.): S 1986/87 erbaut.

Ihringen (Schulweg zwischen Bachenstr. 15 und 17): S 1861 erbaut, 1938 zerstört, nichts erhalten, Gedenkstein in der Nähe vorhanden.

Müllheim (Hauptstr. 92/94): S 1851/52 erbaut, 1938 nicht mehr benutzt, daher unzerstört, 1968 abgebrochen, Reste von Säulen usw. auf jüdischem Friedhof, Gedenkstein vorhanden.

Sulzburg (Mühlbachstr.): S 1823 erbaut, 1938 beschädigt, 1977–1984 Restaurierung als kulturelles Zentrum der Stadt. (xxxx)

Kreis Calw

(Haiterbach-)Unterschwandorf (unterhalb Schloß): S 1803 erbaut, 1858 verkauft, um 1920 abgebrochen.

Kreis Emmendingen

Emmendingen (hinter Kirchstr. 9/11): S 1821 erbaut, 1922/23 erweitert, 1938 zerstört, nichts erhalten, Gedenktafel vorhanden.

Enzkreis / Stadtkreis Pforzheim

Königsbach(-Stein) (Pforzheimer Str.): S um 1750 erbaut, 1938 zerstört, nichts erhalten.

Pforzheim (Zerrener Str.): S 1893 erbaut, 1930 renoviert, 1938 zerstört, nichts erhalten, Gedenkstein vorhanden.

Kreis Esslingen

Esslingen (Im Heppächer 3): B 1819 eingerichtet (in mittelalterlichem Haus), 1938 demoliert, Gebäude erhalten, Hinweistafeln vorhanden.

Stadtkreis Freiburg → Kreis Breisgau-Hochschwarzwald / Stadtkreis Freiburg

Kreis Freudenstadt

Horb (Fürstabt-Gerber-Str. 2): B 1903 in älterem Haus eingerichtet, 1938 demoliert, Gebäude erhalten. (xxx)

(Horb-)Dettensee: S 1820 erbaut, 1928 geschlossen und abgebrochen, außer einer Säule auf jüdischem Friedhof nichts erhalten.

(Horb-)Mühlen (Rottenburger Str. 5): S 1811 erbaut, vor 1914 geschlossen, 1922 verkauft, zu Wohnhaus umgebaut, erhalten. (xxx)

(Horb-)Mühringen (oberhalb Spielstr., Rathausaufgang): S 1807–1810 erbaut, 1938 demoliert, 1960 abgebrochen, Gedenkstein vorhanden.

(Horb-)Nordstetten (gegenüber Hauptstr. 52): 1721 neu erbaut, 1767 umgebaut, 1839 umgebaut und vergrößert, 1925 geschlossen, 1937 abgebrochen, nichts erhalten

(Horb-)Rexingen (Freudenstädter Str.): S 1835–1837 erbaut, 1938 demoliert, 1952 zu ev. Kirche umgebaut. (xxxx)

Kreis Göppingen

Göppingen (Pfarrstr. 33): S 1871 erbaut, 1881 geschlossen, 1885 zu Wohnhaus umgebaut, das erhalten ist. (xx)
(Freihofstr.): S 1881 erbaut, 1938 zerstört, nichts erhalten, Gedenkstein vorhanden.

(Göppingen-)Jebenhausen (Postplatz): S 1804 erbaut, 1899 geschlossen, 1905 abgebrochen, Teile der Inneneinrichtung in alter ev. Kirche in Jebenhausen erhalten.

Stadtkreis Heidelberg → Rhein-Neckar-Kreis / Stadtkreis Heidelberg

Landkreis Heilbronn / Stadtkreis Heilbronn

(Bad Friedrichshall-)Kochendorf (Mühlstr. 12): S 1806 erbaut, 1925 zu Wohnhaus umgebaut, das erhalten ist. (xx)

Bad Rappenau (Am Schafgarten 2): S 1844 erbaut, 1936/37 abgebrochen.

(Bad Rappenau-)Bonfeld (Rappenauer Str. 4): S um 1780 gebaut, 1938 demoliert und abgebrochen, heute Garten, teilweise neu überbaut.

(Bad Rappenau-)Grombach (Ortsstr.): S 1840/41 erbaut, 1938 schwer beschädigt, später abgebrochen, Platz 1963 mit Rathaus überbaut.

(Bad Rappenau-)Heinsheim (Schloßgasse 3/1): S 1796 erbaut, 1937 verkauft, als Werkstatt und Lagerhalle genutzt. (xxxx)

(Bad Rappenau-)Obergimpern (Grombacher Str. 10/12): S 1810 erbaut, vor 1938 verkauft, danach als katholisches Jugendheim genutzt, später abgebrochen, heute Gartengrundstück.

(Bad Rappenau-)Wollenberg (Deinhardstr. 19): S 1825 erbaut, 1938 zerstört, um 1965 Ruine beseitigt.

Bad Wimpfen (Schwibbogengasse 5): B um 1830 in älterem jüdischem Haus(hebräische Inschrift von 1580) eingerichtet, 1933 geschlossen, Haus erhalten. (xx)

Eppingen (Küfergasse 2): S 1732/1772 eingerichtet, bis 1873 genutzt, Gebäude erhalten (mit altem rituellem Bad; Wohnhaus).
(Kaiserstr. 6): S. 1872/73 erbaut, 1938 angezündet, 1940/41 abgebrochen, nichts erhalten, neu überbaut, Gedenktafel vorhanden.

(Eppingen-)Mühlbach (Hauptstr. 96): B 1854 eingerichtet, 1862 wieder geschlossen, Gebäude als Wohnhaus erhalten. (x)

(Eppingen-)Richen (Ittlinger Str. 18): S 1790 erbaut, 1936 verkauft, nach 1945 abgebrochen, nichts erhalten.

Gemmingen (Bürgerturmplatz): S 1821 erbaut, 1938 demoliert, 1975/76 abgebrochen, Grundstück in »Bürgerturmplatz« aufgegangen.

(Gemmingen-)Stebbach: S im 18. Jahrhundert erbaut, 1826–1829 renoviert und erweitert, vor 1900 geschlossen, 1947/48 abgebrochen, nichts erhalten.

Heilbronn (Allee/Synagogenweg): S 1871–1877 erbaut, 1938 zerstört, 1940 abgebrochen, nichts erhalten, Gedenkstein vorhanden.
(Uhlandstr. 7, Hintergebäude): Betsaal der orthodoxen jüdischen Gemeinde 1910/11 eingerichtet, 1938 demoliert, teilweise kriegszerstört, neu überbaut.

(Heilbronn-)Horkheim (in der Burg): B 1737 im großen Burgturm vorhanden, bis 1832 genutzt (vermutlich Raum mit hebräischen Inschriften im 2. Stock).

(Heilbronn-)Sontheim (Hauptstr./Judengängle): S 1827 erbaut, 1938 nicht zerstört, 1949 zu Wohnhaus umgebaut, 1985 abgebrochen, nichts erhalten.

Ittlingen (Untere Mühlgasse): S 1805 erbaut, 1938 zerstört und abgebrochen, nichts erhalten, heute Gartengrundstück.

(Jagsthausen-)Olnhausen (Rathausstr. 42): S 1881 erbaut, 1938 demoliert, danach Lager und Scheune, 1972 abgebrochen, Platz mit Sparkassengebäude überbaut.

(Kirchhardt-)Berwangen (Badersgasse zwischen 2 und 4): S 1845 erbaut, 1938 zerstört und abgebrochen, nichts erhalten, heute Gartengrundstück.

Lehrensteinsfeld (Lehrener Str. 41, Anbau): S 17. Jahrhundert erbaut, 1938 verkauft, in Resten im Nachfolgegebäude erhalten. (x)

(Leingarten-)Schluchtern (Brunnengasse 15): S um 1800 vorhanden, 1938 demoliert, danach Scheune, später Mauern in den Neubau eines Wohnhauses einbezogen. (x)

Massenbachhausen (Gartenstr. 3): S 1826 erbaut, 1865 geschlossen und zu Wohnhaus mit Scheune umgebaut, als solches erhalten. (xxx)

(Möckmühl-)Korb (Sennfelder Str. 4): S 1835 eingerichtet, bis 1926 Haus in jüdischem Besitz, Reste der Innenverkleidung des Betsaales in heutigem Wohnhaus erhalten. (xx)

Neckarsulm (Rathausstr.): S im 17. Jahrhundert erbaut, 1850 geschlossen, danach Scheune, 1945 kriegszerstört, nichts erhalten.

Neudenau (hinter Haus Hauptstr. 5): S 1875 erbaut, 1937 geschlossen, 1938 verkauft (demoliert?), Oberstock mit Betsaal abgebrochen, Mauern des Erdgeschosses erhalten, seit 1980 für Lagerzwecke genutzt. (x)

(Neuenstadt-)Stein a. K. (zwischen Grabenstr. und Kurmainzstr.): Baujahr unbekannt, 1935 verkauft, 1945 kriegszerstört, nichts erhalten (heute Gartengrundstück).

(Obersulm-)Affaltrach (Untere Gasse 6): S 1850/51 erbaut, 1938 demoliert, danach für Lagerzwecke und als Wohnung verwendet, Restaurierung bis 1988.

(Obersulm-)Eschenau (Treuchtlinger Str. 9): S 1797 erbaut, 1904 geschlossen, zu Wohnhaus umgebaut. (xx)

Oedheim (Fahrgasse 14): S 1864 erbaut, 1938 geschlossen, 1966 zu Wohnhaus umgebaut. (xx)

(Schwaigern-)Massenbach (Raiffeisenstr. 26): S 1796 erbaut, 1938 nicht zerstört, 1954 abgebrochen, Grundstück mit Tankstelle überbaut, nichts erhalten.

Siegelsbach (Hauptstr./Ecke Lindenstr.): S vor 1812 erbaut, 1938 verkauft, um 1950 abgebrochen, nichts erhalten.

Talheim (an der Nordwand im Hof des »Judenschlosses«): S 1793 erbaut, 1836 vergrößert, 1938 demoliert, 1952 abgebrochen, nichts erhalten, Gedenktafel vorhanden.

Zaberfeld (Michelbacher Str. 3): B im 19. Jahrhundert und bis nach 1933 in jüdischem Wohnhaus vorhanden, Gebäude 1974 abgebrochen.

Hohenlohekreis

Dörzbach (Hohebacher Str. 4): S 1840 erbaut, bis um 1900 genutzt, danach zu Wohnhaus umgebaut. (xx)

(Dörzbach-)Hohebach (Rathausstr. 5): S 1817/18 erbaut, 1838 umgebaut, 1938 demoliert, zu Wohnhaus umgebaut (xx), Hinweistafel vorhanden.

(Dörzbach-)Laibach (in der nicht mehr bestehenden Judengasse): S bis um 1850 genutzt, danach zu Wohnhaus umgebaut, vor 1900 abgebrochen, nichts erhalten.

(Forchtenberg-)Ernsbach (Marktplatz 5): S 1855 erbaut, 1925 verkauft, zu Wohnhaus umgebaut. (xxx)

Krautheim (Brunnengasse 5–7): S 1860 erbaut, 1938 nicht zerstört, danach für Wohnzwecke verwendet, 1975 abgebrochen, neu überbaut.

Künzelsau (Konsul-Uebele-Str. 22): S 1907 erbaut, 1938 zerstört, Anwesen mit Tankstelle überbaut, Gedenkstein auf Nachbargrundstück vorhanden.

(Künzelsau-)Nagelsberg (bei Mühlbergstr. 24): S 1796 erbaut, 1908 geschlossen, bis 1960 als Saal einer Gastwirtschaft verwendet, danach abgebrochen, Gedenktafel vorhanden.

Mulfingen (Hauptstr. 34): S im 19. Jahrhundert, 1902 geschlossen, zu Wohnhaus umgebaut, 1987 abgebrochen, nichts erhalten.

Öhringen (Untere Torstr. 23): S 1888 eingerichtet, 1938 demoliert, danach als Schule verwendet, derzeit »Haus der Jugend« (xx), Hinweistafel vorhanden.

(Schöntal-)Berlichingen (Mühlgasse): S 1805/06 erbaut, 1938 zerstört, später abgebrochen, nichts erhalten, neu bebaut mit Lagerschuppen.

Landkreis Karlsruhe / Stadtkreis Karlsruhe

(Bad Schönborn-)Bad Mingolsheim (Friedrichstr. 25, Hintergebäude): S 1846 erbaut, 1938 verkauft, danach als Scheune/Lager genutzt. (xxxx)

Bretten (Engelsberg 4–6): S 1821/22 erbaut, 1938 zerstört, nichts erhalten, neu überbaut, Gedenkstein vorhanden.

(Bretten-)Bauerbach (Bürgerstr. 48): S im 19. Jahrhundert erbaut, 1890 verkauft, zu Wohnhaus umgebaut. (xx)

(Bretten-)Diedelsheim (Schwandorfstr. 13): S 1807 eingerichtet, 1920 verkauft und zu Wohnhaus umgebaut. (xx)

Bruchsal (Friedrichstr. 78): S 1880/81 erbaut, 1922 renoviert, 1938 zerstört, Anwesen mit Feuerwehrhaus überbaut, Gedenktafel vorhanden.

(Bruchsal-)Heidelsheim (Kanzelberg 4): S 1856 erbaut, 1910 geschlossen, nach 1945 zunächst für Schul-, später für Wohnzwecke genutzt. (xxx)

(Bruchsal-)Obergrombach (Brunnenstr.): S 1845 in mittelalterlicher Burgkapelle eingerichtet, 1888 geschlossen und zu ev. Kirche umgebaut, die erhalten ist. (xxx)

(Bruchsal-)Untergrombach (Sonnwendstr. 7): S 1827 erbaut, 1938 demoliert, teilweise abgebrochen, einige Mauerreste erhalten. (x)

(Dettenheim-)Liedolsheim (Bächlestr. 3): S im 18. Jahrhundert erbaut, 1903 geschlossen und abgebrochen, Anwesen neu überbaut (Schule).

Ettlingen (Pforzheimer Str. 33): S 1889 erbaut, 1938 zerstört, Anwesen neu überbaut, Gedenktafel vorhanden.

Gondelsheim (Leitergasse 6): S um 1840 erbaut, 1925 geschlossen, 1930 verkauft und zu Wohn- und Geschäftshaus umgebaut. (xxxx)

Graben(-Neudorf) (Karlsruher Str. 67): S im 19. Jahrhundert erbaut, 1938 verkauft, zu Wohnhaus umgebaut, 1972 abgebrochen, Anwesen neu überbaut.

Karlsruhe (Kronenstr. 15): S 1872–1875 erbaut, 1938 zerstört und abgebrochen, heute Parkanlage mit Gedenkstein.
(Karl-Friedrich-Str. 16): S der orthodoxen jüdischen Gemeinde 1881 erbaut, 1938 zerstört und abgebrochen, mit Gewerbebetrieb neu bebaut.
(Knielinger Allee 11): S 1971 eingeweiht.

(Karlsruhe-)Grötzingen (Krumme Str.): S 1799 erbaut, 1938 zerstört, nichts erhalten, Gedenkstein vorhanden.

(Kraichtal-)Gochsheim (Hauptstr. 70) S 1766 erbaut, 1882 verkauft, zu Wohnhaus umgebaut, das erhalten ist. (xx)

(Kraichtal-)Menzingen (Mittelstr. 6): S 1870 erbaut, 1921 geschlossen, Gebäude als Schule genutzt, später zu Wohnhaus umgebaut. (xx)

(Kraichtal-)Münzesheim (Unterdorfstr. 31): S 1726 erbaut, 1937 verkauft und abgebrochen, Anwesen neu bebaut.

Malsch (Hauptstr. 26): S vor 1859 erbaut, 1928 renoviert, 1938 zerstört, nichts erhalten, Anwesen neu überbaut, Gedenktafel vorhanden.

(Oberderdingen-)Flehingen (Samuel-Friedrich-Sauter-Str. 14): S aus dem 18. Jahrhundert bis 1873 genutzt, danach Wohnhaus. (xx)
(Gochsheimer Str. 14): S 1873 erbaut, 1938 zerstört, Anwesen neu überbaut.

Östringen (Saarlandstr. 12): S 1784 erbaut, 1834 geschlossen, danach Wohnhaus, 1980 abgebrochen, heute Zufahrt zur Rathausgarage.
(Saarlandstr. 10): S 1834 erbaut, 1936 wegen Einsturzgefahr abgebrochen.

(Östringen-)Odenheim (Klostergasse): S im 19. Jahrhundert in ehemaliger Klosterkirche eingerichtet, 1937 geschlossen, später abgebrochen, nichts erhalten.

Philippsburg (Weißetorstr./Ecke Alte Kirchenstr.): S im 19. Jahrhundert erbaut, 1938 demoliert, zu Wohnhaus umgebaut, 1981 abgebrochen, Anwesen neu überbaut, Gedenktafel vorhanden.

(Walzbachtal-)Jöhlingen (Friedrichstr. 4): S im 19. Jahrhundert erbaut, 1938 demoliert, später abgebrochen, Anwesen neu überbaut.

Weingarten (Kirchstr./Ecke Keltergasse): S 1840 erbaut, 1938 zerstört, nichts erhalten, Gedenktafel gegenüber an Kirche.

Kreis Konstanz

Gailingen (Synagogenplatz an der Ramsener Str.): S 1830–1836 erbaut, 1938 zerstört, Anwesen heute Parkanlage und Gedenkstätte.

(Gottmadingen-)Randegg (Otto-Dix-Str.): S um 1810 erbaut, 1938 zerstört, nichts erhalten, Anwesen heute Parkanlage und Gedenkstätte.

Konstanz (Sigismundstr. 19): S 1883 erbaut, 1936 angezündet, 1938 zerstört, Anwesen mit Wohn- und Geschäftshaus neu überbaut, Gedenktafel vorhanden.
(Sigismundstr. 19): B seit 1964 in Wohn- und Geschäftshaus des alten Synagogenplatzes eingerichtet.

(Öhningen-)Wangen (am See/Zeltplatz): S 1825/26 erbaut, 1857 renoviert, 1938 zerstört, nichts erhalten, Gedenkstein vorhanden.

(Rielasingen-)Worblingen (Riedernstr. 3): S um 1808 eingerichtet, 1906 verkauft, Türsturz in Nachfolgegebäude aufgegangen (mit Inschrift). (xx)

Kreis Lörrach

(Efringen-)Kirchen (hinter Basler Str. 57): S 1831 erbaut, 1938 zerstört, Ruinenrest vorhanden. (x)

Lörrach (Teichstr. 11): S 1806–1808 erbaut, 1899 und 1922 renoviert, 1938 zerstört, Anwesen neu überbaut, Gedenktafel vorhanden.

Kreis Ludwigsburg

Freudental (Strombergstr. 25): S 1770 erbaut, 1938 demoliert, seit 1955 Werkstatt und Lager, 1983–1985 als »Pädagogisch-Kulturelles Centrum« restauriert. (xxxx)

Ludwigsburg (Alleen-/Solitudestr.): S 1884 erbaut, 1938 zerstört, nichts erhalten, Anwesen heute Parkanlage und Gedenkstätte.

(Remseck-)Aldingen (Kirchstr. 15, Anbau): 1796 erbaut, um 1870 geschlossen, Anbau nach 1945 abgebrochen.

(Remseck-)Hochberg (Hauptstr. 37): S 1828 erbaut, 1907 geschlossen, 1914 verkauft, seither methodistische Kirche. (xxxx)

Main-Tauber-Kreis

(Ahorn-)Untereubigheim (Meisenstr. 5): S 1850 erbaut, 1938 verkauft und zu Wohnhaus umgebaut. (xxx)

Bad Mergentheim (Holzapfelgasse 15): S 1658 erbaut, 1762 erneuert, 1938 demoliert, 1946 neu geweiht, später wieder geschlossen, 1957 abgebrochen, Anwesen neu überbaut, Hinweis- und Gedenktafel vorhanden.

(Bad Mergentheim-)Edelfingen (Alte Frankenstr. 18): S 1791 erbaut, 1938 nicht zerstört, 1945 kriegszerstört und abgebrochen, Anwesen neu überbaut.

(Bad Mergentheim-)Markelsheim (Kirchgängle 7): S 1828 erbaut, 1938 nicht zerstört, 1954 zu Wohnhaus umgebaut. (xx)
(Bad Mergentheim-)Neunkirchen (Häldenweg 9): S 1776 erbaut, 1879 geschlossen, danach als Scheune mit Stall genutzt, 1971 abgebrochen.
(Bad Mergentheim-)Wachbach (Alte Schloßstr. 44): S 1822 erbaut, 1902 geschlossen und verkauft, zu Wohnhaus mit Scheune umgebaut, Abbruch steht bevor. (xxx)
(Boxberg-)Angeltürn (Steinstr. 1): S im 19. Jahrhundert erbaut, vor 1900 verkauft, danach als Scheune und Stall genutzt, 1981 abgebrochen.
(Boxberg-)Unterschüpf (Unterschüpfer Str. 62): S im 19. Jahrhundert erbaut, 1882 verkauft, danach als Scheune genutzt. (xx)
Creglingen (Neue Str. 28): S 1799 erbaut, 1938 demoliert, nach 1945 als Jugendherberge genutzt, seit ca. 1970 Lagerraum. (xxx)
(Creglingen-)Archshofen (zwischen Dorfplatz und Tauber): S 1796 erstellt, 1865 und 1912 renoviert, 1938 beschädigt, nach 1941 Feuerwehrmagazin, Vereinshaus. (xxx)
Freudenberg (Hauptstr. 139): S 1891 erbaut, 1938 demoliert, später zu Wohnhaus umgebaut. (xxx)
Grünsfeld (Rieneckstr. 4): B um 1800 eingerichtet, 1893 renoviert und vergrößert, 1931 abgebrannt, Haus ohne Betsaal wieder aufgebaut. (x)
Igersheim (Burgstr. 22): S 1832 erbaut, um 1900 geschlossen, zu Wohnhaus umgebaut, Abbruch steht bevor. (xx)
Königheim (Münzgasse 2): S 1831 erbaut, 1887 nach Brand neu erbaut, 1938 demoliert, 1945 kriegszerstört, Hinweistafel vorhanden.
(Königheim-)Gissigheim (Schloßstr. 27, Hintergebäude): S 1837 erbaut, 1894 geschlossen und zu Wohnhaus umgebaut. (xx)
Külsheim (gegenüber Bergstr. 8): S 1770 erbaut, 1798 vergrößert, 1938 nicht zerstört, 1944 abgebrannt, nichts erhalten.
(Lauda-)Königshofen (Untere Mauerstr./Ecke Amalienstr.): S 1770 vorhanden, 1906 geschlossen, später abgebrochen.
(Lauda-Königshofen-)Messelhausen (Freiherr-von-Zobel-Str. 24): S 1858/59 erbaut, 1931 geschlossen, danach zu Gasthof »Deutsches Haus« umgebaut. (xxxx)
Niederstetten (Mittelgasse 4): S 1924 erstellt, 1938 nicht zerstört, 1945 kriegszerstört, Mauerreste in Nachfolgebau integriert. (x)
Tauberbischofsheim (Bachgasse 9): S um 1730/1740 erbaut, 1938 demoliert, später zu Wohnhaus umgebaut, das erhalten ist. (xx)
(Tauberbischofsheim-)Dittigheim (Synagogengasse 4): S im 18. Jahrhundert erbaut, vor 1900 geschlossen, 1908 verkauft, zu Wohnhaus umgebaut. (xxx)
(Tauberbischofsheim-)Hochhausen (Judengäßle): S um 1770 erbaut, bis 1914 genutzt, danach verkauft, in Lagerhaus einer Schreinerei umgebaut. (xx)
(Tauberbischofsheim-)Impfingen (Am Baumgarten 7): S im 18. Jahrhundert, bis 1913 benutzt, 1919 verkauft und zu Wohnhaus umgebaut. (xxx)
Weikersheim (Wilhelmstr. 16, Hintergebäude): S 1830 erbaut, 1928 geschlossen, 1938 demoliert, später zu Schreinerwerkstatt umgebaut (xxxx), Hinweistafel vorhanden.
(Weikersheim-)Laudenbach (Am Markt 3): S 1799–1800 erbaut, 1938 demoliert, später zu Wohnhaus umgebaut. (xx)
(Werbach-)Wenkheim (Breite Str. 7): S 1841 erbaut, 1938 demoliert, danach zu Wohnhaus umgebaut, Renovierung für 1988/89 geplant. (xxxx)
Wertheim (zwischen Gerbergasse 18 und Spitzem Turm): S 1798/99 erbaut, 1938 verkauft, 1949 Stadtschreiberei, 1961 abgebrochen, Gedenktafel vorhanden.
(Wertheim-)Dertingen (Obere Str. 23): S 1814 erbaut, 1925 geschlossen, danach als Schule genutzt, 1942 Altersheim, seit 1956 Wohnhaus. (xx)

Stadtkreis Mannheim

Mannheim (F 2.13): Hauptsynagoge 1855 neu erbaut, 1938 zerstört, Ruine 1955 abgeräumt, Gedenktafel vorhanden.
(F 1.11): Lemle-Moses-Klaus 1887/88 neu erbaut, 1930 umfassend restauriert, 1938 demoliert, 1944 kriegszerstört, Ruine 1951/52 beseitigt, Anwesen neu bebaut.
(F 3 und F 7): Betstübel von aus dem Osten zugewanderten Juden, bis nach 1933 benutzt.
(Maximilianstr. 6): S 1957 eingeweiht, 1964 vergrößert, 1987 geschlossen.
(F3): S 1985–1987 erbaut. Einweihung September 1987.
(Mannheim-)Feudenheim (Neckarstr. 8): S 1819 erbaut, 1840/41 umgebaut, 1938 zerstört, Ruine zu Gedenkstätte hergerichtet.

Neckar-Odenwald-Kreis

Adelsheim (Turmgasse 27): S im 19. Jahrhundert erbaut, 1889 geschlossen, 1965/66 abgebrochen.
(Tanzbergstr./Ecke Untere Austr.): S 1889 erbaut, 1938 demoliert, 1939–1977 Milchsammelstelle, 1977 abgebrochen, Anwesen neu überbaut.

(Adelsheim-)Sennfeld (Hauptstr. 43): S 1836 erbaut, 1938 demoliert, nach 1951 zuerst als Kirche, dann als Vereinshaus genutzt, das erhalten ist. (xxxx)

Billigheim (Schefflenztalstr. 35): S 1804 erbaut, 1938 demoliert, zu Wohnhaus umgebaut, Abbruch ist für 1987 geplant.

Binau (Reichenbucher Str. 7): S 1792 erbaut, 1938 demoliert, nach 1945 Postgebäude, später nur Wohnhaus, das erhalten ist. (xx)

Buchen (Vorstadtstr. 35): S 1864 erbaut, 1938 verkauft, 1939 abgebrochen, Anwesen neu überbaut, Hinweistafel vorhanden.

(Buchen-)Bödigheim (Hindenburgstr. 14): S 1818 erbaut, 1938 demoliert, nach 1945 zu Wohnhaus umgebaut. (xxx)

(Buchen-)Eberstadt (unterhalb Rathausstr. 21): S im 19. Jahrhundert erbaut, 1937 verkauft, zu Versammlungsraum, später Lagerraum umgebaut, der erhalten ist. (xxxx)

(Buchen-)Hainstadt (Buchener Str. 15): S 1819 erbaut, 1938 demoliert, später abgebrochen.

Hardheim (Inselgasse 4): S 1805 erbaut, 1938 demoliert, zu Wohnhaus umgebaut, das erhalten ist. (xx)

(Haßmersheim-)Hochhausen (Mühlgasse 6): S unbekannten Baujahres, 1914 verkauft und zu einem Wohnhaus umgebaut, das erhalten ist. (x)

Hüffenhardt (bei Reisengasse 15): S unbekannten Baujahres, 1938 völlig zerstört; an ihrer Stelle heute Garagen und kleiner Garten.

Mosbach (Frohndbrunnengasse): S um 1860 erbaut, 1938 zerstört und abgebrochen, nichts erhalten, Gedenkstätte eingerichtet.

Neckarzimmern (Steige 4): S im 18. Jahrhundert eingerichtet, 1873 am selben Platz neu erbaut, 1938 demoliert, später zu einem Wohnhaus umgebaut, das erhalten ist. (xx)

(Ravenstein-)Merchingen (Buchenweg 15): S 1737 eingerichtet, im 19. Jahrhundert umgebaut, 1938 demoliert, 1951 zu katholischer Kirche umgebaut, Gedenktafeln vorhanden. (xxxx)

(Rosenberg-)Sindolsheim (bei Kronenstr. 2): S in der 1. Hälfte des 19. Jahrhunderts erbaut, bis vor 1914 genutzt, um 1920 abgebrochen, heute Garten.

(Schefflenz-)Kleineicholzheim (Schloß): S 1843 im Schloß eingerichtet, 1938 demoliert, zu Wohnhaus umgebaut, das erhalten ist. (xx)

(Seckach-)Großeicholzheim (Wettgasse 14): S 1886 erbaut, 1938 demoliert, nach 1945 zu Wohnhaus umgebaut, das erhalten ist. (xxx)

(Waldbrunn-)Strümpfelbrunn (Kirchenstraße): S 1831 eingerichtet, 1938 demoliert, später abgebrochen, heute Gartengrundstück.

Walldürn (Zunftgasse 3): B um 1770 eingerichtet, 1937 Gebäude verkauft, B zu Wohnung umgebaut. (xx)

Zwingenberg (Alte Dorfstr. 31): S unbekannten Baujahres, 1938 verkauft, nach 1945 abgebrochen, Grundstück neu bebaut.

Ortenaukreis

Durbach (Grol 70): B bis vor 1900 vorhanden in einem Wohnhaus, das erhalten ist. (xx)

Ettenheim (Alleestr. 22): S 1858 erbaut, 1938 demoliert, danach zu Wohn- und Geschäftshaus umgebaut, das erhalten ist. (xx)

(Ettenheim-)Altdorf (Eugen-Lacroix-Str. 2): S 1867 erbaut, 1938 demoliert, zu Fabrik umgebaut, die erhalten ist (z. Zt. leerstehend bzw. Lager). (xxxx)

Friesenheim (Lahrgasse 8): S um 1850 erbaut, 1938 demoliert, 1944 abgebrochen, neu überbaut.

Gengenbach (Marktplatz): B von 1903 bis 1934 im 2. Stock des alten Kaufhauses am Marktplatz (heute städtisches Verkehrsamt), Gedenktafel vorhanden. (xx)

Haslach (Sägerstr. 20): B in jüdischem Privathaus vorhanden, das nicht mehr besteht.

(Hohberg-)Diersburg (Strittmatt): S 1801 erbaut, 1938 demoliert, zu Schreinerei umgebaut. (xx)

Kehl (Ecke Schul-/Kasernernstr.): S 1889 erbaut, 1938 zerstört, Anwesen neu bebaut, Gedenktafel an ev. Kirche im Stadtzentrum.

(Kehl-)Bodersweier (Querbacher Str. 33): S 1812/13 erbaut, 1938 demoliert, 1951 abgebrochen, nichts erhalten.

Kippenheim (Poststr. 17): S 1850/51 erbaut, 1938 demoliert, nach 1945 Werkstatt, dann Lager der Raiffeisengenossenschaft, 1986/87 Restaurierung. (xxxx)

(Kippenheim-)Schmieheim (Schloßstr. 41): S 1812 erbaut, 1938 demoliert, danach zu Fabrik umgebaut, die erhalten ist. (xxxx)

Lahr (Bismarckstr. 12): B im Obergeschoß eines Wohnhauses, 1938 demoliert, zu Wohnung umgebaut. (xx)

Offenburg (Lange Str. 52): S 1875 in ehemaligem Gasthaus eingerichtet, 1938 demoliert, nach 1945 Lager verschiedener Firmen, Gebäude erhalten, Gedenktafel. (xxx)

(Rheinau-)Neufreistett (Ecke Rheinstr./Freiburger Str.): S im 19. Jahrhundert erbaut, nach 1935 verkauft, später abgebrochen, nichts erhalten.

(Rheinau-)Rheinbischofsheim (Oberdorfstr. 3): S um 1815 erbaut, 1938 demoliert, 1953 abgebrochen, nichts erhalten.

Rust (Klarastr. 14): S um 1800 vorhanden, 1895 in ein bis heute bestehendes Wohnhaus umgebaut. (xx)
(Ritterstr.): S 1895 erbaut, 1938 demoliert, 1964 abgebrochen, neu überbaut, Gedenktafel vorhanden.
(Schwanau-)Nonnenweier (Schmidtenstr. 10): S 1771 erbaut, 1938 zerstört, nichts erhalten.

Ostalbkreis
(Bopfingen-)Aufhausen (Lauchheimer Str. 21): S 1825 erbaut, 1931 geschlossen, nach 1945 teilweise abgebrochen und zu Wohnhaus umgebaut, das erhalten ist. (xx)
(Bopfingen-)Oberdorf (Lange Str. 15): S 1812 erbaut, 1938 demoliert, nach 1945 kath. Kirche, später Lager, als solches erhalten. (xxxx)
Ellwangen (Marienstr. 20): B 1877–1909 in ehemaligem Gasthaus.
(Dalkinger Str.): B 1909–1926 in altem Kapuzinergebäude in der Marienpflege.
(Peutinger Str. 21): B 1926–1933 im Erdgeschoß des Kammergebäudes.
Lauchheim (Bleichstr. 3): S 1768–1770 erbaut, 1856 umgebaut, 1921 verkauft, 1938 demoliert, danach als Scheune genutzt, 1965 abgebrochen, Platz neu bebaut.
(Riesbürg-)Pflaumloch (Hauptstr. 13): S 1844–1846 erbaut, 1907 geschlossen und der politischen Gemeinde geschenkt, seit 1963 Rathaus (xxx), Gedenktafel vorhanden.
Schwäbisch Gmünd (Katharinenstr. 2/4): S 1926 eingerichtet, 1936 und 1938 demoliert, nach 1950 abgebrochen, Gedenktafel vorhanden.

Stadtkreis Pforzheim → Enzkreis / Stadtkreis Pforzheim

Kreis Rastatt
Bühl (Johannesplatz 10): S 1823 erbaut, 1938 zerstört, nichts erhalten, Gedenkstein vorhanden.
(Gaggenau-)Hörden (Landstr. 89): S 1860 erbaut, 1928 geschlossen, zu Wohnhaus umgebaut, das erhalten ist. (xx)
Gernsbach (Färbertorstr.): S 1860 eingerichtet, Gebäude 1927 verkauft, als Wohnhaus genutzt, nach 1960 abgebrochen.
(Austr. 3): S 1928 erstellt, 1938 zerstört, Anwesen neu überbaut, Gedenktafel vorhanden.
Kuppenheim (Löwengasse): S 1826 erbaut, 1938 zerstört, nach 1945 abgebrochen.
Lichtenau (bei Schmiedstr. 2): S 1860–1862 erbaut, 1938 nicht zerstört, später abgebrochen, Grundstück unbebaut, Gedenkstein vorhanden.
Muggensturm (Hauptstr. 44/Wilhelmstr. 2): S 1834 eingerichtet, 1913 verkauft, als Scheune genutzt, 1972 abgebrochen.
Rastatt (Ottersdorfer Str. 9): 1829 erbaut, 1906 zu Wohnhaus umgebaut, das erhalten ist (derzeit nicht genutzt). (x)
(Leopoldring 2): S 1905/06 erbaut, 1938 zerstört, nichts erhalten, Gedenktafel am benachbarten ehemaligen Rabbinatsgebäude.

Kreis Reutlingen
(Münsingen-)Buttenhausen (Mühlsteige): S 1795 erbaut, 1938 zerstört, nichts erhalten, verschiedene Gedenksteine vorhanden.

Rhein-Neckar-Kreis / Stadtkreis Heidelberg
(Angelbachtal-)Eichtersheim (Hauptstr. 37/39): S vermutlich Ende des 18. Jahrhunderts erbaut, 1938 nicht zerstört, zu Lager und Schreinerei umgebaut. (xxxx)
(Angelbachtal-)Michelfeld (Schallbachgasse): S 1838 erbaut, 1937 verkauft und abgebrochen, nichts erhalten, heute Gartengrundstück.
Eberbach (Zwingerstr. 7): B 1860–1913 in jüdischem Wohnhaus, Gebäude ist erhalten. (xx)
(Adolf-Knecht-Str./Brückenstr.): S 1912/13 erbaut, 1938 zerstört und abgebrochen, nichts erhalten, Gedenkstein vorhanden.
Heidelberg (Obere Mantelgasse/Lauerstr.; Alter Synagogenplatz): S 1878 erbaut, 1937 renoviert, 1938 zerstört und abgebrochen, Gedenkstein vorhanden.
(Plöck): B der orthodoxen jüdischen Gemeinde, 1929 eingerichtet, 1938 demoliert, 1939/40 wiederbenutzt.
(Rohrbacher Str. 18): B 1958 eingerichtet.
(Sophienstr. 9): B 1987 eingerichtet.
(Weststadt/Blumenstr.): künftiger Synagogenstandort.
(Heidelberg-)Rohrbach (Rohrbacher Rathausplatz): S 1845 erbaut, 1938 zerstört, nach 1945 abgebrochen, Gedenkstätte eingerichtet.
Hemsbach (Mittelgasse 16): S 1845/46 erbaut, 1938 demoliert, danach Wohnhaus mit Werkstatt, 1985–1987 restauriert. (xxxx)
(Hirschberg-)Großsachsen (Am Mühlgraben 14): B in jüdischem Wohnhaus vorhanden, 1930 geschlossen, Gebäude erhalten. (xx)
(Hirschberg-)Leutershausen (Hauptstr. 27): S 1867 erbaut, 1938 nicht zerstört, danach Lager und Gewerbebetrieb, 1983 zu Wohnhaus umgebaut. (xxx)
Hockenheim (Ottostr./Ecke Rathausstr.): S 1833 erbaut, 1877 umgebaut, 1938 zerstört, nichts erhalten, Gedenktafel vorhanden.

Ilvesheim (Hauptstr. 25): S 1810 erbaut, 1938 demoliert, 1951 zu Wohnhaus umgebaut, das erhalten ist. (xx)

Ketsch (Hockenheimer Str. 42): B 1824 eingerichtet, 1939 verkauft und zu einer Wohnung umgebaut, die erhalten ist. (xx)

Ladenburg (Hauptstr. 46): S 1832 erbaut, 1938 zerstört, 1967 abgebrochen, einige Baureste noch erhalten, Gedenktafel vorhanden.

Leimen (Marktplatz): S unbekannten Baujahres vorhanden, 1905 verkauft, um 1926/27 abgebrochen.

Malsch (Brunnengasse 4): S 1834 erbaut, 1938 demoliert, 1939 abgebrochen, nichts erhalten.

Meckesheim (Leopoldstr. 23): S nach 1830 erbaut, Ende 1937 verkauft, zu Wohnhaus mit Werkstatt umgebaut. (xxx)

(Mühlhausen-)Tairnbach (Standort unbekannt): S bis 1875/80 vorhanden.

Neckarbischofsheim (Schulgasse): S 1840–1848 erbaut, 1938 zerstört, wenige Reste erhalten, Gedenkstätte eingerichtet.

(Neckarbischofsheim-)Untergimpern (Hintergebäude zu Landstr. 11): S 1807 erbaut, vor 1900 geschlossen, Gebäude als Scheune erhalten. (xxx)

Neidenstein (Kirchgraben 6): S 1831 erbaut, 1930 renoviert, 1938 zerstört, nichts erhalten, Anwesen neu überbaut.

Nußloch (Friedrichstr. 1): S aus dem 18. Jahrhundert, nach 1938 abgebrochen, Grundstück neu bebaut.

Reilingen (Hockenheimer Str. 18): S 1841 erbaut, 1929 geschlossen und zu einem Wohnhaus umgebaut, das erhalten ist (xxx), Hinweistafel vorhanden.

Sandhausen (Hauptstr. 115): S 1867 in einer ehemaligen Kirche eingerichtet, 1938 verkauft, danach Lager, 1960–1962 restauriert und für Zwecke der politischen Gemeinde verwendet (xxxx), Gedenkstein vorhanden.

Schriesheim (Luth. Kirchgasse 12): S 1842/43 in ehemaliger Kirche eingerichtet, 1938 demoliert, 1954 umgebaut, heute Wohnhaus. (xx)

Schwetzingen (Invalidenstr. 6), B 1864–1898 in jüdischem Wohnhaus eingerichtet, das erhalten ist. (xx)
(Schloß/Eingang Zeyherstr.): B 1898–1933 in verschiedenen Räumen des Schlosses, zuletzt dritter Saal im nördlichen Zirkel, Gedenkstein Zeyherstr. vorhanden.

Sinsheim (Kleine Grabengasse 6): S 1836/37 erbaut, 1938 zerstört, Platz neu überbaut.

(Sinsheim-)Dühren (Zum Gässel): S 1828/30 erbaut, bis 1877 benutzt, seither Scheune/Garage. (xxx)

(Sinsheim-)Ehrstädt (Eichwaldstr. 15): S 1836 erbaut, 1912 verkauft, seither Viehstall/Scheune. (xxx)

(Sinsheim-)Eschelbach (Hirschhornstr. 21): S vor 1870 geschlossen, zu Wohnhaus umgebaut. (xx)

(Sinsheim-)Hilsbach (Mettengasse): S vor 1900 geschlossen, als Scheune erhalten. (xx)

(Sinsheim-)Hoffenheim (Neue Str. 2a): S um 1750 erbaut, 1938 zerstört, nichts erhalten.

(Sinsheim-)Rohrbach (Heilbronner Str. 43): 1832 erbaut, 1907 geschlossen und verkauft, danach Schule/Kindergarten, derzeit Lager. (xxxx)

(Sinsheim-)Steinsfurt (Adersbacher Str. 12): S 1893 erbaut, 1937 verkauft, seither Lagerraum. (xxxx)

(Sinsheim-)Weiler (Kaiserstr. 95): B 1795 eingerichtet, 1904 geschlossen, als Wohnhaus erhalten. (xx)

Waibstadt (Schloßstr./Abgang zur Lammstr.): S 1648 erbaut, 1938 verkauft, 1970 abgebrochen, nichts erhalten.

Walldorf (Albert-Fritz-Str. 7/Synagogenstr.): S 1860 in ehemaliger Kirche eingerichtet, 1938 demoliert, seit 1954 als neuapostolische Kirche verwendet (xxxx), Gedenktafel vorhanden.

Weinheim (Hauptstr. 143): S 1690 erbaut, 1906 geschlossen, zu Wohnhaus umgebaut, das erhalten ist. (xxx)
(Bürgermeister-Ehret-Str. 5): S 1906 erbaut, 1938 zerstört, Grundstück neu überbaut, Gedenktafel an Nachbargebäude.

(Weinheim-)Lützelsachsen (Wintergasse 77): S 1841 in ehemaliger Kirche eingerichtet, 1938 verkauft und zu Wohnhaus umgebaut, das erhalten ist. (xxx)

Wiesloch (Synagogengasse/Hauptstr. 103): S 1837 erbaut, 1938 demoliert, 1957 abgebrochen, Grundstück neu überbaut, Gedenktafel vorhanden.

(Wiesloch-)Baiertal (Ecke Mühlstr./Pauline-Maier-Str.): S um 1810 erbaut, 1938 zerstört, Säule erhalten und mit Hinweistafel vor dem Bürgerhaus als Erinnerungsmal niedergelegt.

Kreis Rottweil

Rottweil (Cameralamtsgasse 6): S 1861 eingerichtet, 1938 demoliert, nach 1945 als Wohn- und Geschäftshaus verwendet, Teil des Betsaales 1979–1981 restauriert, Hinweistafel vorhanden. (xxx)

Kreis Schwäbisch Hall

(Blaufelden-)Wiesenbach (Engelhardshauser Str.): S 1790/1824 erbaut, 1928 verkauft, nach 1933 abgebrochen, Hinweistafel vorhanden.

Braunsbach (Burgenland-Halle): S 1732 erbaut, 1938 demoliert, nach 1945 als Turn- und Festhalle genutzt, seit 1984 als Bühnenraum der angebauten Burgenland-Halle verwendet, Gedenktafel vorhanden. (xxx)

Crailsheim (Adam-Weiß-Str. 5): S 1783 erbaut, 1863 vergrößert, 1938 demoliert, 1945 zerstört, Gedenktafel.

(Crailsheim-)Goldbach (Goldbacher Hauptstr. 110): S unbekannten Baujahres vorhanden, 1874 verkauft, zu Wohnhaus umgebaut, das erhalten ist. (xx)
(Fichtenau-)Unterdeufstetten (Dinkelsbühler Str. 9): S 1848/49 erbaut, 1912 geschlossen, zu Wohnhaus umgebaut, das erhalten ist. (xx)
(Gerabronn-)Dünsbach (Judengasse): S 1799 erbaut, 1930/35 verkauft und abgebrochen, wenige Reste der Grundmauern erhalten. (xx)
Schwäbisch Hall (Untere Herrengasse): Inneneinrichtung des Unterlimpurger Betsaales im Hällisch-Fränkischen Museum; B ursprünglich (1727–1809) in der Unterlimpurger Str. 65. (xxxx)
(Obere Herrengasse 8): B 1893 eingerichtet, 1938 demoliert, Gebäude erhalten, Hinweistafel vorhanden. (xxx)
(Schwäbisch Hall-)Steinbach (Neustetter Str. 34): S 1809 erbaut, 1938 demoliert, zu Wohnhaus umgebaut, das erhalten ist. (xx)
(Wallhausen-)Hengstfeld (Hauptstr. 142): S 1810 erbaut, 1895 geschlossen, später abgebrochen, heute Gartengrundstück.
(Wallhausen-)Michelbach a. d. L. (Judengasse): S 1756 erbaut, 1938 nicht zerstört, 1978–1984 restauriert, heute Museum. (xxxx)

Schwarzwald-Baar-Kreis
Villingen(-Schwenningen) (Gerberstr. 33): B Ende des 19. Jahrhunderts eingerichtet, 1938 demoliert, Gebäude erhalten, Gedenkbrunnen in der Nähe vorhanden. (xx)

Stadtkreis Stuttgart
Stuttgart (Hospitalstr. 36): S 1858–1861 erbaut, 1938 zerstört, am selben Platz 1952 neue Synagoge erstellt.
(Stuttgart-)Bad Cannstatt (König-Karl-Str. 51): S 1875/76 erbaut, 1938 zerstört, Gedenkstein vorhanden.

Kreis Tübingen
(Kusterdingen-)Wankheim (Heerstr. 3): S 1833–1835 erbaut, 1881 geschlossen, 1882 abgebrochen, nichts erhalten.
(Rottenburg-)Baisingen (Judengäßle): S 1782 erbaut, 1938 demoliert, nach 1945 als Scheune genutzt. (xxxx)
Tübingen (Gartenstr. 33): S 1882 erbaut, 1938 zerstört, Brunnen mit Gedenkinschrift vorhanden.

Stadtkreis Ulm → Alb-Donau-Kreis / Stadtkreis Ulm

Kreis Waldshut
(Waldshut-Tiengen-)Tiengen (Fahrgasse 13): S 1790–1793 erbaut, 1938 demoliert, nach 1945 zu Gewerbebetrieb umgebaut (xx), Hinweistafel vorhanden.

Zollernalbkreis
Haigerloch (Im Haag 14): S 1783 erbaut, 1938 demoliert, später Kino, dann Ladengeschäft, derzeit Lager. (xxx)
Hechingen (Goldschmiedstr. 20/Synagogenstr.): S 1765–1767 erbaut, 1850–1852 vergrößert, 1938 demoliert, 1982–1986 restauriert, dient kulturellen Zwecken. (xxxx)

Keine Synagogengebäude bestanden im 19./20. Jahrhundert in den Kreisen Bodenseekreis, Kreis Böblingen, Kreis Calw, Kreis Heidenheim, Kreis Ravensburg, Rems-Murr-Kreis, Kreis Sigmaringen, Kreis Tuttlingen.

Glossar

Almemor (oder Bima) Die erhöhte Estrade in einer Synagoge (traditionell in der Mitte oder nach Osten verschoben) mit einem Pult oder Tisch (Schulchan), von dem während des Gottesdienstes die Tora gelesen wird.

Apsis Nischenartiger Raumteil an der Ostwand einer Synagoge, in die der Toraschrein (Aron Hakodesch) eingebaut ist.

Aron Hakodesch (oder Toraschrein) An der östlichen Synagogenwand eingebauter, oft kunstvoll gearbeiteter Schrank zum Aufbewahren der Torarollen. Er ist mit einem Vorhang (Parochet) versehen.

Bet Hamidrasch Ein neben der Synagoge in einigen Gemeinden vorhandenes Bethaus zum Studium von Bibel, Talmud und anderen Büchern.

Bima → Almemor.

Chasan (oder Vorbeter, Vorsänger, Kantor) trägt beim Gottesdienst Gebete und Texte aus der Bibel nach vorgeschriebenen Ordnungen und Melodien vor.

Chuppa-Stein (oder Hochzeitsstein) Im süddeutschen Raum verbreitet, an der Außenwand der Synagoge angebracht, zur Bedeutung → Kapitel »Allgemeine und bauliche Charakteristika der Synagoge«.

Davidstern Der sechszackige Stern, begegnet vereinzelt bereits in der Antike, allgemeines Symbol für das Judentum seit dem 17. Jahrhundert.

Genisa Aufbewahrungsort nicht mehr gebrauchter, alter Schriften im Synagogengebäude (→ im Text zu Freudental und Hechingen).

Jachin und Boas Bezeichnung für die beiden Säulen des salomonischen Tempels, ein weit verbreitetes Motiv in der jüdischen Kunst, vor allem auch in der Synagogenarchitektur.

Kahal (oder Kehila) Hebräische Bezeichnung für eine jüdische Gemeinde.

Menora Siebenarmiger Leuchter, zu Zeiten Moses in der Stiftshütte. Im salomonischen Tempel standen sieben solcher Leuchter. Nach der Zerstörung des herodianischen Tempels (70 n. d. Z.) wurde eine Menora nach Rom gebracht (Darstellung auf dem Titusbogen).

Mikwe Rituelles Tauchbad, das Zufluß durch »lebendiges Wasser«, insbesondere aus Fluß- oder Quellwasser haben sollte.

Minjan Mindestzahl von zehn männlichen Betern über 13 Jahren (d. h. nach der Bar Mizwa), die für einen Gemeindegottesdienst vorgeschrieben ist.

Ner Tamid (Ewiges Licht) Die ununterbrochen brennende Lampe vor dem Toraschrein.

Schofar Widderhorn, das als Blasinstrument verwendet wird. Der Schofar wird am Neujahrsfest (Rosch Haschana, Sept./Okt.) und am Schluß des Großen Versöhnungstags (Jom Kippur) geblasen.

Talmud Neben der Bibel das Hauptwerk des Judentums, aus langer mündlicher Tradition. Um 4. Jahrhundert (Jerusalemer Talmud) bzw. um 500 n. d. Z. entstanden (Babylonischer Talmud).

Torarolle Die für den gottesdienstlichen Zweck der Tora-Vorlesung bestimmte Pergamentrolle mit der Niederschrift der Tora, d. h. der Fünf Bücher Moses. Die Torarolle wird mit der Hand geschrieben; die Rollen werden im Toraschrein aufbewahrt (→ Aron Hakodesch).

Literatur

Allgemeine Literatur (Auswahl)

Angerbauer, Wolfram, Hans-Georg Frank, Jüdische Gemeinden in Kreis und Stadt Heilbronn. Geschichte, Schicksal, Dokumente. Heilbronn 1986

Avneri, Zvi (Hrsg.), Germania Judaica. Bd. II, Von 1238 bis zur Mitte des 14. Jahrhunderts (2 Halbbände). Tübingen 1968

Davidovicz, David, Wandmalereien in alten Synagogen. Das Wirken des Malers Elieser Sussmann in Deutschland. Hameln – Hannover 1969

Dicker, Hermann, Aus Württembergs jüdischer Vergangenheit und Gegenwart. Gerlingen 1984

Eschwege, Helmut, Die Synagoge in der deutschen Geschichte. Wiesbaden 1980

Gerhardt, Ulrich, Jüdisches Leben im jüdischen Ritual. Studien und Beobachtungen 1902–1933. Heidelberg 1980

Grotte, Alfred, Deutsche, böhmische und polnische Synagogentypen vom 11. bis Anfang des 19. Jahrhunderts. Berlin 1915

Gutmann, Joseph (Hrsg.), The Synagogue: Studies in Origins, Archaeology and Architecture. New York 1975

Hammer-Schenk, Harold, Synagogen in Deutschland. Geschichte einer Baugattung im 19. und 20. Jahrhundert. 2 Bände. Hamburg 1981

Hundsnurscher, Franz, Gerhard Taddey, Die jüdischen Gemeinden in Baden. Denkmale, Geschichte, Schicksale (Veröffentlichungen der staatlichen Archivverwaltung Baden-Württemberg, Band 19) Stuttgart 1968

Künzl, Hannelore, Islamische Stilelemente im Synagogenbau des 19. und frühen 20. Jahrhunderts. Reihe: Judentum und Umwelt. Band 9. Frankfurt am Main/Bern/New York/Nancy 1984

–, Synagogen in Baden (Mittelalter bis Neuzeit), in: Juden in Baden 1809–1984. 175 Jahre Oberrat der Israeliten Badens. Karlsruhe 1984

Levy, Isaac, The Synagogue. Its History and Function. London 1963

Mandelbaum, Hugo, Jewish Life in the Village Communities of Southern Germany. New York/Jerusalem 1985

Rosenthal, Berthold, Heimatgeschichte der badischen Juden. Bühl 1927/Reprint Magstadt 1981

Sauer, Paul, Die jüdischen Gemeinden in Württemberg und Hohenzollern. Denkmale, Geschichte, Schicksale (Veröffentlichungen der Staatlichen Archivverwaltung Baden-Württemberg Band 18) Stuttgart 1966

Tänzer, Aaron, Die Geschichte der Juden in Württemberg. Frankfurt 1937/Reprint Frankfurt 1983

Wischnitzer, Rachel, The Architecture of the European Synagogue. Philadelphia 1964

Lokale Beiträge

Aus der umfangreichen Literatur zu einzelnen Orten, die ausgewertet wurden, können hier nur die Beiträge genannt werden, die sich auf die ausführlich dargestellten Orte beziehen:

Braunsbach: Rau, Berta, Die Geschichte der israelitischen Gemeinde Braunsbach (mit einem Anhang von Martin Majer), maschinenschriftlich 1984

Freudental: Nebel, Theobald, Die Geschichte der Freudentaler Juden. Das Bildnis einer jüdischen Landgemeinde. Ludwigsburg/Freudental 1985

Reinhardt, Brigitte, Sabine Weyrauch, Bauten jüdischer Dorfgemeinschaften im Kreis Ludwigsburg, in: Denkmalpflege in Baden-Württemberg. Nachrichtenblatt des Landesdenkmalamtes 8 1979

Hechingen: Werner, Manuel, Die Juden in Hechingen als religiöse Gemeinde. Teil 1 in: Zeitschrift für hohenzollerische Geschichte 107 1984 S. 102–213

Hemsbach: Kienle, Renate, Das ehemalige jüdische Gemeindezentrum in Hemsbach, in: Denkmalpflege in Baden-Württemberg, 1983 S. 8–12

Hößler, Harald, Juden in Hemsbach 1660–1933. Zulassungsarbeit Pädagogische Hochschule Heidelberg. Sommersemester 1984

Spuren – Erinnerungen. Unsere Nachbarn jüdischen Glaubens. Dokumentation der Friedrich-Schiller-Hauptschule mit Margret Richter. Hemsbach 1984

(Obersulm-)Affaltrach: Angerbauer, Wolfram, Zum Bau der Affaltracher Synagoge. In: Schwaben und Franken. Heimatgeschichtliche Beilage der Heilsbronner Stimme 5, Mai 1985

Rottweil: Klein, H. Robert, Beiträge zur Geschichte der Juden in Rottweil am Neckar. Rottweil 1924

Sandhausen: Lacrois, Emil, Die ehemalige reformierte Kirche, spätere Synagoge zu Sandhausen, Instandsetzung und Umbau, in: Nachrichtenblatt der Denkmalpflege in Baden-Württemberg 1963 S. 20–24

Sulzburg: Bamberger, Naftali Bar-Giora, Sulzburg – ein Ort unserer Väter, in: Israelitisches Wochenblatt Nr. 25 vom 22. 6. 1984 S. 17 ff.

Auskünfte von Bernd Michaelis, Müllheim

(Wallhausen-) Michelbach: Dokumentation zur Geschichte der Juden in der Region Franken. Katalog, Schwäbisch Hall 1984

Taddey, Gerhard, Die jüdische Gemeinde von Michelbach/Lücke. Vortrag zur Eröffnung der Gedenkstätte für die Juden der Region Franken in der wiederhergestellten früheren Synagoge Michelbach an der Lücke am 12. 7. 1984. Schwäbisch Hall 1984

(Werbach-)Wenkheim: Auskünfte von Klaus Reinhart, Wenkheim

Die auf den Seiten 106–109 zitierten Texte sind folgenden Quellen entnommen:

Bruno Stern, Meine Jugenderinnerungen an eine württembergische Kleinstadt und ihre jüdische Gemeinde. Reihe: Lebendige Vergangenheit. Zeugnisse und Erinnerungen. Schriftenreihe des Württembergischen Geschichts- und Altertumsvereins Stuttgart, 4. Band. Stuttgart 1968 S. 90f., 134f.

Hermann Fechenbach, Die letzten Mergentheimer Juden und die Geschichte der Familien Fechenbach. W. Kohlhammer Verlag Stuttgart 1972. S. 51.

Manuskript von Simon Brückheimer, Der 10. November 1938, Wiener Library London (Copyright bei Fam. Brueckheimer, London). Eine Herausgabe des Manuskriptes von Simon Brueckheimer erfolgte durch Herbert Schultheiß, Die Reichskristallnacht in Deutschland nach Augenzeugenberichten. Reihe: Bad Neustädter Beiträge zur Geschichte und Heimatkunde Frankens, Band 3. Rötter Druck und Verlag GmbH Bad Neustadt a.d. Saale 1986.

Ortsregister

Bildnachweis

Stadtarchiv Baden-Baden: 28
Foto Besserer, Lauda: 3, 4, 101
Stadtarchiv Bruchsal: 34
Foto Dittmar, Stuttgart: 45
Foto Finke, Konstanz: 99
Stadtarchiv Freiburg: 27
Foto Hahn, Gernsbach: 32
J. Hahn, Stuttgart: 1, 2, 6, 8, 9, 53, 61, 62, 71, 72, 80, 83, 89, 94, 102
Hauptstaatsarchiv Stuttgart: 30, 40, 41, 54, 58, 60
Stadtarchiv Heidelberg: 39, 56
Foto Holder, Urach: 100
Buch »Jüdische Gotteshäuser und Friedhöfe in Württemberg«, hrsg. vom Oberrat der Israelitischen Religionsgemeinschaft Württembergs, 1932: 5, 10, 11, 13, 17, 21, 22, 29, 37, 47, 48, 78, 82, 84 (Fotograf Willi Moegle, Leinfelden-Echterdingen)
Foto Kammerländer, Eppingen: 55
Stadtarchiv Karlsruhe: 14, 33
Foto Keidel, Hechingen: 65, 66
Foto Kilian, Stuttgart: 95
Foto Kleinfeldt, Tübingen: 23
Peter Kruppa, Aalen-Ebnat: 81
Stadtarchiv Mannheim: 18, 26, 38
Stadtarchiv Mosbach: 42
Pädagogisch-Kulturelles Centrum, Freudental: 63
R. Rasemann, Leutkirch: 7, 19, 20, 25, 31, 46, 49, 50, 51, 52, 59, 67, 68, 73, 74, 75, 76, 77, 79, 85, 86, 87, 91, 93, 96, 97, 98, 103, Umschlagbilder, Farbtafeln 2b, 3a, 3b, 4
Stadtarchiv Rastatt: 35, 36
Stadtjugendring Rottweil: Farbtafel 1b
Staatsanwaltschaft Baden-Baden: 41
Stadtarchiv Schwäbisch Hall: Farbtafel 1a
Stadtarchiv Stuttgart: 15, 16
Foto Tschepe, Ludwigsburg: 64
Privatbesitz Fam. Ucko, Israel/ S. Korn, Frankfurt: 12, 69, 70, 92
Stadtarchiv Ulm: 44
Foto-Studio Wagener, Müllheim: 24, 57
Stadtarchiv Waldshut-Tiegen: 43
Foto Weber, Haigerloch: 88, 90
Foto Weller, Schwäbisch Hall: Farbtafel 2a

Ein Wort des Dankes

Dieses Buch konnte nur dank der Mithilfe zahlreicher Gemeindeverwaltungen, Institutionen und Einzelpersonen entstehen, die ich in den vergangenen Jahren um Auskünfte zu den Spuren der jüdischen Geschichte an ihren Orten gebeten habe. Ein herzliches Dankeschön gilt allen, die hier mitgeholfen haben!

Die Erstellung des Manuskriptes dieses Buches wurde in besonderer Weise durch hilfreiche Ergänzungen und Korrekturen begleitet von Prof. Dr. Hannelore Künzl, Hochschule für jüdische Studien in Heidelberg und Dr. Paul Sauer, Direktor des Stadtarchivs in Stuttgart. Ihnen bin ich zu besonderem Dank verpflichtet.

Joachim Hahn

Schwäbische Kirchenbaukunst

Hermann Baumhauer/Joachim Feist
Kirche und Abtei Neresheim

64 Seiten mit 32 Abbildungen, davon 16 in Farbe. Fester Einband.
Das Buch informiert in Wort und Bild über Entstehung, Geschichte und Schönheit des großen Kunstziels auf dem Neresheimer Ulrichsberg. 1750 von Balthasar Neumann begonnen und 1792 geweiht, sammelten sich in diesem letzten großen Sakralbau des genialen Würzburger Baumeisters die reichen Erfahrungen der süddeutschen Barockbaukunst zu einer Raummusik von erhabener Freiheit.

Hermann Baumhauer/Joachim Feist
Das Ulmer Münster und seine Kunstwerke

108 Seiten mit 71 Tafeln, davon 11 in Farbe. Leinen.
Das großartige gotische Baudenkmal wird in diesem Band in eindrucksvollen und gut ausgewählten Gesamt- und Detailaufnahmen vorgestellt. Im Textteil werden neben der Geschichte des Münsters die einzelnen Kunstwerke ausführlich beschrieben.

Hermann Baumhauer/Johannes Schüle
Das Heilig-Kreuz-Münster zu Schwäbisch Gmünd

112 Seiten mit 62 Tafeln, davon 10 in Farbe. Leinen.
Das Heilig-Kreuz-Münster ist das gestaltbestimmende Bauwerk der Stadt Schwäbisch Gmünd. Der 1351 begonnene Hallenchor wurde zum Gründungsbau der deutschen Spätgotik. In Bild und Text wird dem Kunstfreund Geschichte und Bedeutung dieser schwäbischen Bürgerkirche nahegebracht.

Kloster Blaubeuren – 900 Jahre

Hrsg. von Gerhard Dopffel und Gerhard Klein. 168 Seiten mit 37 teils farbigen Abbildungen. Fester Einband.
Mit Beiträgen zur Geschichte des Klosters von der Benediktinergründung bis zum heutigen Evangelisch-theologischen Seminar, zur Bau- und Kunstgeschichte und Restaurierung der nahezu vollständig erhaltenen spätmittelalterlichen Klosteranlage.

Ulrich Marstaller
Die Peterskirche in Weilheim

72 Seiten mit 25 Tafeln, davon 12 in Farbe, und 18 Abbildungen im Text. Fester Einband.
Was diese spätgotische Hallenkirche aus den vielen Kirchen, die in jener Zeit entstanden hervorhebt, ist die Fülle dessen, was von ihrer Ausstattung erhalten blieb. In ihr läßt sich – wie in einem Bilderbuch – die Geschichte einer württembergischen Landstadt über fünf Jahrhunderte lesen.

Elmar D. Schmid
Nördlingen – die Georgskirche und St. Salvator

228 Seiten mit 60 Tafeln, davon 12 in Farbe. Leinen.
Die Georgskirche in Nördlingen ist eines der bedeutendsten Kunstdenkmäler deutscher Gotik. Sie birgt einen der schönsten Altäre dieser Zeit, der unter der Regie von Friedrich Herlin geschaffen wurde. Hauptthema des Buches ist die Baugeschichte der Kirche und die Geschichte ihres Hauptaltars.

Konrad Theiss Verlag